Achim
olog'
plact' eid'
Reg' defuncti
Capella Regia
popl's panormi
Comites
et barones
Dni curie

監修者――佐藤次高／木村靖二／岸本美緒

［カバー表写真］
サン・ジョヴァンニ・デリ・エレミティ教会，パレルモ

［カバー裏写真］
チェスをするキリスト教徒とイスラーム教徒

［扉写真］
病に臥すグリエルモ２世とその死を嘆き悲しむ人びと

世界史リブレット58

ヨーロッパとイスラーム世界

Takayama Hiroshi
高山 博

目次

ヨーロッパとイスラーム世界

「ロンドン地下鉄で同時テロ。死傷者多数。午前八時五十分頃(日本時間午後四時五十分頃)」(二〇〇五年七月七日)。太字で記されたその最新ニュース項目をパソコンの画面で見た瞬間、私の体は凍りついてしまった。その日、妻は、ロンドンのシティ(金融街)で開かれる国際会議に出席することになっており、ホテルから会議場まで、爆破された時間帯にその地下鉄を利用していたはずだったからである。

世界は狭くなった。かつては、海外で起こる事件や災害は、自分とは別世界のできごとであり、テレビで映される海外の映像が自分に直接かかわることなど想像すらできなかった。しかし、時代は大きく変わり、いまや、海外で生じる事件や災害が直接私たちと結びつき、ときには私たちの生活や人生を一八〇度変えてしまう。私たちの生きる環境がまったく変わってしまったのである。

国境は障壁としての機能を低下させ、世界中のさまざまな事柄が密接にそして複雑にからみあうようになった。歴史家のあいだでは、現在の複雑化した世界を理解するうえで、国民国家の枠組みを基礎にした近代歴史学が大きな限界を有することがほぼ共通の認識となってきた。しかしながら、現代世界の動きや構造を理解するための有効な新しい歴史像はまだ提示されていない。

本書のタイトルは、「ヨーロッパとイスラーム世界」である。「ヨーロッパ」や「イスラーム世界」をタイトルに含む書物は、これまで数え切れないほど多く刊行されてきたし、「ヨーロッパの歴史」「イスラーム世界の歴史」というタイトルの書物だけでも相当な数にのぼるだろう。しかし、「ヨーロッパ」と「イスラーム世界」の両方をタイトルに含む書物となると、その数は激減する。そして、そのほとんどが、ヨーロッパにおけるイスラーム教徒（ムスリム）をあつかったものか、ヨーロッパ人のイスラーム（世界）認識をあつかったもの、あるいは、逆にイスラーム世界におけるヨーロッパ人やイスラーム教徒のヨーロッパ認識をあつかったものにかぎられている。本書は、「ヨーロッパ」と「イスラーム世界」を、いずれか一方の側の視点から考察するのではなく、両者を包含するような視点で考察することをめざしている。

「ヨーロッパ」と「イスラーム世界」の両者を視野にいれた書物を書くとなれば、「ヨーロッパ」という枠組みと「イスラーム世界」という枠組みの検討から始め、比較するうえで生じる固有の問題をも処理しなければならなくなる。もちろん、「ヨーロッパ」と「イスラーム世界」は同じレベルで対応した概念ではない。地理的な概念であれば、「ヨーロッパ」と「中東」となるであろうし、宗教を指標とした人間集団の広がりを示す概念であれば、「キリスト教世界」と「イスラーム世界」となるはずである。しかし、理論的に整合性の高い概念のほうが過去の現実世界を認識するのに適切というわけでもない。さまざまな概念や枠組みが整理されることなく使用されている現状を了解したうえで、過去の世界を探ることにしたいと思う。

ヨーロッパの地勢

①—枠組み　集団と歴史

「ヨーロッパ」とは何か

「ヨーロッパ」は、多くの書物で「ユーラシア大陸のウラル山脈以西」と定義されているように、現在では、主として地理的概念として用いられている。ただ、実際の用法においては、西ヨーロッパにあたる部分をヨーロッパと呼ぶ場合もあり、この「ウラル山脈以西」とする定義については異を唱える人もいることだろう。ユーラシア大陸の西端に位置する地域というのが、多くの人に受け入れられる、より一般的な定義ということなのかもしれない。

しかし、「ヨーロッパ」は、古くから現在と同じ地域を指していたわけでも固定した地理的範囲を指していたわけでもない。「ヨーロッパ」という言葉が使われた最古の例は、ギリシア神話のエウローペー(Eurōpē)である。フェニキア(現在のレバノン地域にあった)王の娘であったエウローペーは、ゼウスにみそめられ、牡牛に姿を変えたゼウスの背に乗せられて、クレタ島へ連れ去られた。そして、ゼウスとのあいだに三人の息子をもうけ、そのうちの一人がのちにミ

エウローペーを描いたローマ時代のモザイク

ノス王となったというものである。このギリシア神話（アポッロドーロス『ビブリオテーケー』〈ギリシア神話〉三巻一節）にでてくるエウローペーの名前は、最古の記述としては、紀元前八世紀のギリシア詩人ヘーシオドスの『テオゴニア』（神統記、三五七行）にみられ、フェニキア王の娘エウローペーがクレタ島へ連れ去られたという話は、紀元前五世紀のヘロドトスの『歴史』（一巻二節）にも記されている。

いつごろからかはわからないが、ギリシアでは、この女性名であるエウローペーが、エーゲ海諸島にたいするギリシア本土を指す言葉として用いられるようになった（ホメーロスの『アポローン讃歌』〈二五〇行〉では、エウローペーがこの意味で用いられている）。その後、ギリシア本土全体を指すようになり、さらに、北西地域を指すようになっていく。紀元前九～前六世紀には、エウローペーとともに、アシエー（アジア）とリブュエー（リビア）という言葉が用いられるようになっている。最初、ギリシア人は、人の住む世界をヨーロッパとアジア（リビアはその下位区分だった）の二つに区分していたが、ヘロドトスのころになると、ヨーロッパ、アジア、リビア（アフリカ）の三区分法も用いられるようになっている。このギリシア人の三区分法はローマ人に受け継がれ、リビアにかわってアフリカという言葉が用いられるようになる。そして、ヨーロッパの範囲は大きく拡大し、地中海の北側の地域を指すようになっていくのである。

このように、使われる時代や使う人によって、「ヨーロッパ」が指し示す地理的範囲は異なっている。また、「ヨーロッパ」がヨーロッパに住む人びとの集合体として用いられることもあれば、歴史や文化、帰属意識を共有する集団として用いられることもある。そのような特定の集団としてのヨーロッパの成立の時期をめぐっては、現在まで長い論争がある。

ヨーロッパ史の枠組み

近現代の歴史家たちが考えるヨーロッパのもっとも古い枠組みの一つは、西ローマ帝国の広がりである。ローマ帝国が東ローマ帝国と西ローマ帝国の二つに分裂したのは四世紀末の三九五年だが、その後、東西に分かれた二つの帝国は別々の歴史を歩み、西の帝国がヨーロッパという枠組みの基礎となったと考えられているのである。

TOマップ　セビリア司教イシドルスが七世紀に書いた書物の写本(十一世紀)に描かれた世界地図。

▼**西ゴート王国**(四一八〜七一一年)　ゴート族が、ローマ帝国領内のアクイタニアに建国した王国。当初はフランス南部からイベリア半島の大半を支配していたが、六世紀にフランク族にフランス南部を奪われ、中心はイベリア半島のトレドに移った。七一一年にイスラーム教徒に滅ぼされるまで、イベリア半島を支配した。

▼ヴァンダル王国(四二九～五三四年)　ヴァンダル族が北アフリカに建国した王国。五三四年に東ローマ帝国(ビザンツ帝国)に滅ぼされた。

▼ブルグンド王国(四四三～五三四年)　ブルグンド族がスイスからフランス東南部に建国した王国。五三四年にフランク王国に滅ぼされた。

▼フランク王国(四八一～九八七年)　フランク族メロヴィング家のクローヴィスがフランク諸族を統一して建国した王国。八世紀半ば、カロリング家に王権が移り、カール大帝のときに最盛期をむかえ、西ヨーロッパの大部分を支配した。九世紀半ばに、三つの王国に分裂し、フランス、ドイツ、イタリアのもととなる枠組みをつくったと考えられている。

▼東ゴート王国(四九三～五五五年)　ゴート族がイタリア半島に建国した王国。五五五年に東ローマ帝国に滅ぼされた。

東ローマ帝国(ビザンツ帝国とも呼ばれる)は、代々の皇帝のもとで政治的凝集力を失うことなく、強大な帝国として地中海東部に君臨し、十五世紀の半ばまで存続した。この東ローマ帝国は、ローマ帝国の伝統を保持する一方、ギリシア語と東方正教のキリスト教が支配的なギリシア・東方正教文化圏(ビザンツ文化圏)をつくりあげていった。それとは対照的に、西ローマ帝国のほうでは、皇帝権が衰退し、その領域内にはゲルマン人の王国がつぎつぎと生まれていった。五世紀前半には、イベリア半島に西ゴート王国▲、北アフリカにヴァンダル王国▲、フランス南部にブルグンド王国▲が生まれ、五世紀後半には、フランスにフランク王国▲、イタリアに東ゴート王国▲が建国された。これらの新しいゲルマン人国家が生まれていくなかで、四七六年、西ローマ帝国は滅亡する。

　このように旧西ローマ帝国領はゲルマン諸王国が分立する状態となり、この地域にはローマ帝国のラテン語文化の影響が強く残ると同時に、ローマ・カトリックのキリスト教が広がっていった。こうして、ビザンツ文化圏と対比される、ラテン語、ゲルマン文化、ローマ・カトリックのキリスト教が支配的な文化圏がつくられていったと考えられている。ゲルマン人国家はおたがいに戦争

トゥール・ポワティエ間の戦い

▼カール・マルテル（六八九～七四一）　メロヴィング朝フランク王国の宮宰。トゥール・ポワティエ間の戦いでイスラーム軍を破り、カロリング朝支配の基礎をかためた。

▼マルク・ブロック（一八八六～一九四四）　フランスの歴史家。著書に『フランス農村史の基本性格』『封建社会』『比較史の方法』『王の奇跡』などがある。

を繰り返していたが、やがて、そのなかのフランク王国が優勢となり、八世紀の初めには、ほぼ現在のフランスにあたる部分をその勢力下におくことになる。

一方、七一一年にイベリア半島の西ゴート王国を滅ぼしたウマイヤ朝のイスラーム勢力は、その後さらに、ピレネー山脈をこえ、七三二年にメロヴィング朝フランク王国へ侵入した。しかし、トゥール・ポワティエ間の戦いで、フランク王国宮宰カール・マルテル▲の軍隊に破れ、そのヨーロッパ侵攻をとめた。

歴史家のなかには、この八世紀前半のイスラーム軍のヨーロッパ侵入が、当地の支配者層や知識人層に、フランク王国を中心としたキリスト教共同体の存在を自覚させたと考える者たちがいる。つまり、このとき、現在に連なるヨーロッパという人間集団がはじめて自覚され、ヨーロッパが生まれたと考えているのである。実際、八世紀の年代記作家イシドール・パケンシスは、カール・マルテル指揮下の軍隊がイスラーム教徒軍を破ったトゥール・ポワティエ間の戦いを説明するなかで、彼らを「ヨーロッパ人」(Europenses)と記している。

フランスの中世史家マルク・ブロック▲は、その著書『封建社会』のなかで、この年代記の「ヨーロッパ人」という表現に言及しながら、「歴史的内容をも

● 三・四世紀のローマ帝国

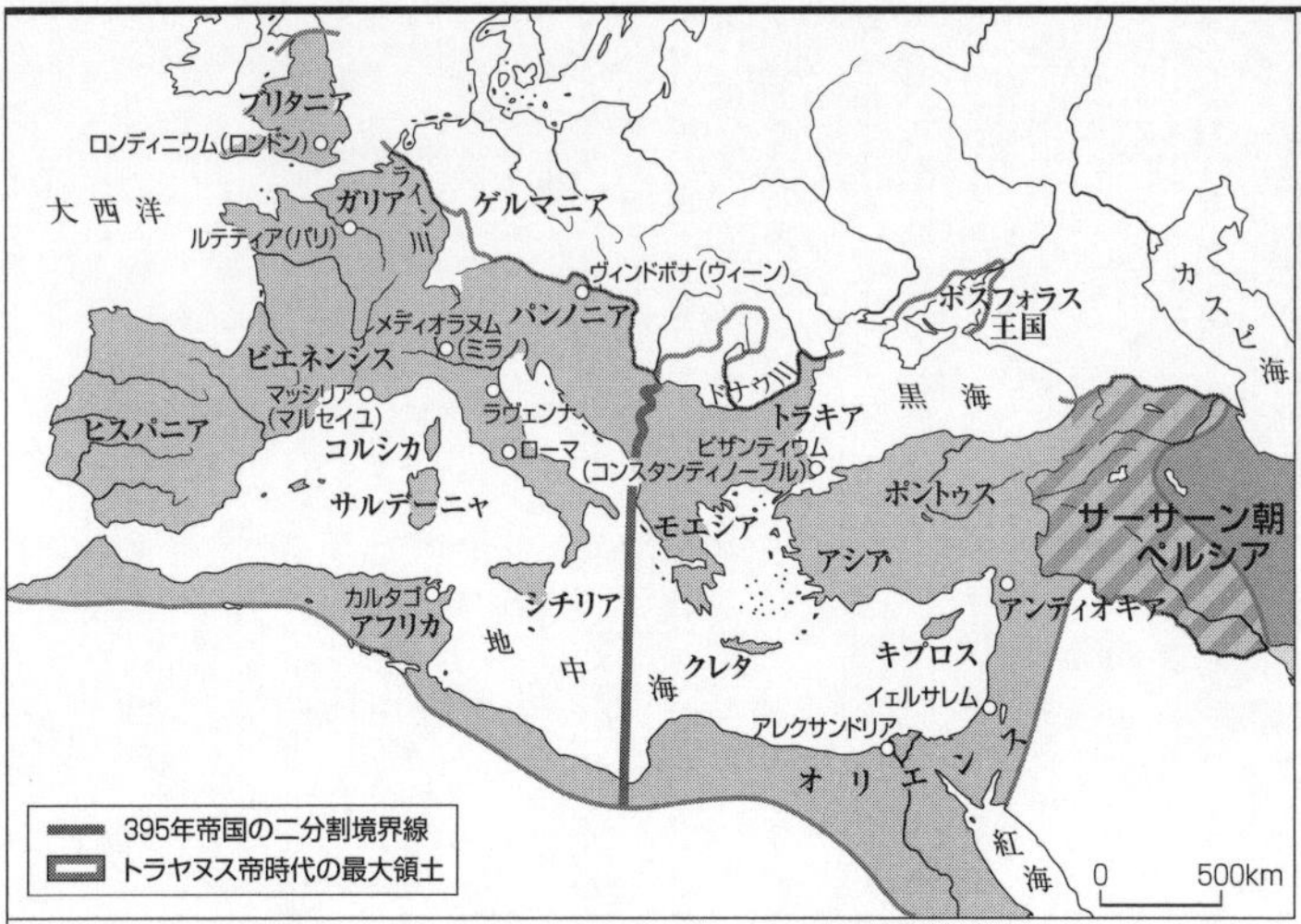

● ゲルマン諸王国（四七六年）

▼ケルト人　中・西欧に住んでいたインド・ヨーロッパ語系の人びと。ガリアでは前一世紀にローマの支配下にはいり、五世紀以後はゲルマンの圧迫を受ける。

▼ベルベル人　北西アフリカに住み、ベルベル語を話す民族の総称。

▼アンリ・ピレンヌ（一八六二〜一九三五）　ベルギーの歴史家。著書に『中世都市』『ベルギー史』『ヨーロッパ世界の誕生』などがある。

っとも豊かにもつこの人間的意味において、ヨーロッパは初期中世の産物である。それゆえ、本来の意味における封建時代がヨーロッパに始まったとき、ヨーロッパは既に存在していたのである」（五頁）と記している。さらに、彼は、別の箇所でつぎのようにも説明している。「時に同一の権力の支配の下に入ったことにより、また、心的社会的慣習をとにもかくにも共通にするところから、これまで帝国の西半部に包含されていた地方の大部分に、ゲルマン人の押さえていた諸地域が結びつくこととなった。やがてブリテン諸島のケルト人▲小集団が、多少とも同化作用を受けつつ、次第にそこに結びついていくのが見られよう。北アフリカはこれと反対に、全く異なった運命に従うこととなる。ベルベル人▲の反撃がローマとアフリカの分裂を準備し、イスラムによる征服がこれを完成した」（四頁）。

ブロックは、かつて西ローマ帝国だった地域に生まれたゲルマン諸国家を、フランク王国が征服・統合し、その共通の心的社会的慣習をつくりながら、ヨーロッパを形成したと考えているのである。

他方、ベルギーの中世史家アンリ・ピレンヌ▲は、経済的側面に注目し、イス

カール大帝時代のヨーロッパ

カール大帝のブロンズ像(九世紀)

ラーム勢力が北アフリカ、イベリア半島を征服し、西地中海の制海権を手にしたために、ヨーロッパは、それまで属していた地中海交易・文化圏から切り離され、内陸部を中心に独自の歴史を歩むことになったと考えた。ブロックとはまったく違う視点からだが、彼もまた、この八世紀という時期にヨーロッパが形成されたと考えているのである。

しかし、ブロックやピレンヌが考えるように、歴史と帰属意識を共有するような人間集団としてのヨーロッパがこの時期に成立したことを確認するのは難しい。実際に、西ヨーロッパが政治的に統合されて一つのまとまりを構成するのは、カロリング朝フランク王カール大帝▲（シャルルマーニュ）のときである。彼が八世紀末に西ヨーロッパの大半を制圧し、ビザンツ帝国と対峙する強大なキリスト教国家をつくりあげたからである。このカール大帝の王国を現在の「ヨーロッパ」と直接結びつけることは難しいが、その王国の存在とその記憶が、のちの時代のヨーロッパ概念と密接にかかわっていることは疑いない。ちなみに、アラビア語では、昔も今も、ヨーロッパ人のことをイフランジュ（フランク人）といい、ヨーロッパをイフランジャ（フィランジャ）あるいはビラー

▼カール大帝（シャルルマーニュ、七四二〜八一四）　フランク王（在位七六八〜八一四）。ピピンの息子。西ヨーロッパの大部分を征服し、八〇〇年にローマ教皇より戴冠されて皇帝となった。写真の像は十二世紀作。

ド・アル・イフランジュ(フランク人の地)という。

他方、近現代のヨーロッパの基礎が形成されたのは十二世紀であり、それ以前と以後には大きな断絶があると考える歴史家も多い。また、その時期を十三世紀におく歴史家もいる。

このように、複数の異なる説が存在しているにもかかわらず、人的集団のまとまりとしての「ヨーロッパ」の存在は、近世以降の歴史家たちにとって自明のものであった。しかし、実際には、近世以降につくられた「ヨーロッパ」概念がそれ以前の時代に投影されて、「ヨーロッパ」の歴史が形づくられてきたともいえるのである。したがって、とりわけ近世以前の時代については、はたしてまとまりをもつ人的集団としての「ヨーロッパ」の存在を想定してよいのかどうか、大きな疑問が残るといわざるをえない。

「イスラーム世界」とは何か

「イスラーム世界」は、イスラーム教▲が支配的な地域を指しているから、「ヨーロッパ」に比べればわかりやすい概念である。もちろん、イスラーム教が支

▼イスラーム教　イスラームとは、アラブの預言者ムハンマドが七世紀初頭に創唱した宗教を指す。アラビア語で、唯一の神アッラーフに絶対的に服従することを意味している。イスラームそれ自体が宗教名だが、日本語では慣用的にイスラーム教と呼んでいる。信者を指す「ムスリム」は、アッラーフへ絶対的に服従する者を意味している。

メッカからメディナへ向かうムハンマドとその信者（十三世紀の細密画）

配的であるかどうかについては、さまざまな見解がありうる。前近代の場合は、支配者がイスラーム教徒であるかどうかが多くの歴史家の判断基準となっているが、近代以降、国民主権が国家の基礎となっている場合には、国民全体に占めるイスラーム教徒の割合が重要となってくるはずだ。

いずれにしろ、「中東」や「西アジア」でなく、「イスラーム世界」という言葉を用いるということは、意識しているか否かにかかわらず、地理的な枠組みよりも宗教を指標とした枠組みのほうが、その集団をあらわすのに適切だという判断が働いていることになるだろう。

「ヨーロッパ」がそこに住む人びとの集合体を指すように、「イスラーム世界」も、たんにイスラーム教徒が支配的な地域を指すだけでなく、同じ価値感や慣習を共有し、強い共属意識をもつ、凝集性の高いイスラーム教徒集団を指す言葉として用いられる。そして、多くの歴史家は、ヨーロッパの成立と同じように、実際に、歴史や文化、帰属意識を共有する集団としての「イスラーム世界」を想定し、その成立の時期と経緯を論じてきた。

▼**ムハンマド**（マホメット、五七〇頃〜六三二）　メッカ（アラビア語でマッカMakka）の最有力家系であるクライシュ族のハーシム家に生まれた。父は彼の誕生以前に他界し、母も六歳のころに亡くなったため、最初は祖父、その死後は伯父の保護を受けて育った。若いころから隊商（キャラバン）交易にたずさわり、二十五歳のときに、雇い主であったハディージャと結婚している。

コーラン（十四世紀の写本）

イスラーム史の枠組み

イスラーム史の枠組みは、一般に、征服とイスラーム教の拡大過程、イスラーム君主国の展開としてとらえられてきた。イスラーム教は、六世紀のアラビア半島西部に生まれた預言者ムハンマド▲により創唱され、七世紀初頭、世界史の舞台に姿をあらわした宗教である。その信者は、ムハンマドと、その後継者であるカリフたちのもとで急速に数をふやし、一世紀をへずして、西は大西洋から東は中国に接する広大な地域を制するにいたった。このイスラーム教徒の帝国の成立過程が、イスラーム史の前半の基本枠である。

六一〇年ころ、ムハンマドはメッカ郊外にあるヒラー山の洞窟にこもって瞑想するようになっていたが、あるとき、大天使ガブリエル（ジブリール）があらわれ、彼に唯一神アッラーフの啓示を与えたという。その後、彼は、繰り返し神の啓示を受けることになるが、それらの啓示を集めたものがコーラン（アラビア語ではクルアーン、イスラーム教の啓典）である。ムハンマドは、この宗教的体験をへたのち、神の言葉を預かる預言者として、メッカ内でイスラームの布教活動を始めることになる。その最初の信者は妻ハディージャと友人のアブー・バクル▲、従弟のアリー、解放奴隷のザイド・ブン・ハーリサであったが、約三年のあいだに信者の数は三〇名ほどに達したと考えられている。

　しかし、唯一神アッラーフに服従することを求める彼の宗教は、多神教を信じるメッカの人びとに容易に受け入れてもらえず、逆に迫害の対象となった。そのため、六二二年九月、ムハンマドは信徒たちとともにオアシス都市メディナ▲に移住（ヒジュラ▲）することになる。この移住により、信徒たちのおかれている立場は大きく変わった。メッカでは迫害される小さな宗教集団にすぎなかったが、このメディナでは町を支配する強力な政治集団となったからである。このイスラーム教徒の共同体はウンマと呼ばれ、政治・宗教的に自立した一つの国を構成するようになる。六三〇年、彼らは、故郷メッカを征服し、カーバ神殿をイスラーム教の聖地に定めた。そして、ムハンマドが死亡する六三二年までの二年間に、アラビア半島のほとんどの部族を帰順させたのである。

　六三二年にムハンマドが死亡すると、イスラーム教徒共同体は分裂の危機に瀕し、彼に帰順していた部族のなかには自由になろうとするものもあらわれた。信徒たちはアブー・バクルをカリフ▲に選び、彼のもとでこの危機に対処するこ

▼アブー・バクル（五七三頃〜六三四）　初代の正統カリフ（在位六三二〜六三四）。ムハンマドの古くからの友人で、もっとも古い信徒の一人。

▼メディナ　アラビア語ではマディーナ（al-Madīna）だが、これは預言者の町（al-Madīna al-Nabī）の略である。ムハンマドの時代までヤスリブの名で知られていた。当時この町は、二つのアラブ部族とユダヤ教徒の集団で構成されており、二つのアラブ部族が抗争していた。ムハンマドは調停者としてまねかれ、抗争を終結させた。その後、ユダヤ教徒は町から追い出されたり殺されたりして、町の構成員は、ムハンマドを支持したメディナの人びと（アンサール）と彼とともに移住してきた人びと（ムハッジルーン）となり、ムハンマドに忠誠を誓うイスラーム教徒共同体となった。

▼ヒジュラ　六二二年のムハンマドとその信徒たちのメッカからメディナへの移住を指す。のちにカリフとなったウマル一世は、イスラーム国家発展の基点となったという考えにもとづき、ヒジュラのおこなわれ

た年（西暦六二二年七月十六日）を紀元とするヒジュラ暦を採用した。

▼カリフ　アブー・バクルは「ハリーファ・ラスール・アッラー」（神の使徒の代理）と呼ばれたが、これがムハンマドの後継者を指すカリフ（ハリーファ）の始まりである。ムハンマドは神の啓示を受けた預言者だが、その後継者カリフは、イスラーム教徒共同体の宗教的・政治的指導者であった。

▼正統カリフ時代（六三二〜六六一年）　アブー・バクルから四代目カリフのアリーまで、信徒の選挙によりカリフが選ばれていた時代。

▼サーサーン朝（二二四〜六五一年）　パルティア王国を倒したアルダシール一世によって、イランに建国された王朝。最盛期には西アジアの広大な地域を支配したが、イスラーム教徒の征服によって崩壊し、六五一年、最後の王ヤズデギルドが殺害された。国教はゾロアスター教。

とになる。アブー・バクルは、即座に軍隊を派遣して反対勢力を鎮圧し、アラビア半島全域をその支配下においた。

　そして、アブー・バクルに始まる正統カリフ時代▲に、イスラーム教徒共同体はその支配領域を急速に拡大させている。西にたいしては、六三六年にヤルムーク河畔の戦いでビザンツ帝国軍を破り、シリアへ進出するとさらに、メソポタミア北部、アルメニア、アナトリア南部へ軍隊を派遣した。そして、六四二年、アレクサンドリア城塞の陥落とともにエジプトを制圧すると、エジプトを拠点として、リビア、北アフリカ、スーダンへと侵攻していった。こうして、かつてビザンツ帝国領だったシリア、エジプト、チュニジアがその支配下におかれたのである。

　他方、東にたいしては、六三七年、イラク南部のカーディスィーヤの戦いでサーサーン朝▲を破り、イラクを占領した。そして、六四二年、ニハーワンド（ニハーヴァンド）の戦いでふたたびサーサーン朝を破り、六五〇年までにサーサーン朝の領地をすべて支配下においた。このように、北アフリカから中東、イランにあった大小さまざまな国家がイスラーム教徒の軍隊によって征服され、メディナのカリフを君主とする巨大な帝国が出現したのである。

しかし、このカリフを頂点とする国家がその後順調に拡大していったわけではない。第三代カリフのウスマーン▲のときには、不満をもつ人びとが反乱を起こし、彼を暗殺している。続く第四代カリフの選出をめぐっては、有力者間で対立が生じ、カリフの座についたアリー▲も暗殺されてしまう。結局、アリーと敵対していたウマイヤ家のムアーウィヤ▲が、首都をメディナからダマスクスへ移し、ウマイヤ朝▲を開いたのである。アリーを支持していた人びとはウマイヤ家の支配を認めず、のちにシーア派▲と呼ばれる宗派を形成することになる。他方、ウマイヤ家の支配を受け入れた人びとは、のちにスンナ派▲と呼ばれるようになる。

ウマイヤ朝の時代にはいると、カリフの地位は、正統カリフ時代の選挙と違って、世襲で継承されるようになった。だが、イスラーム教徒の征服活動は正統カリフ時代と同じように続き、その支配域は西はイベリア半島、東は東北部のホラサーン地方をこえてインダス川流域や中央アジア西部にまで広がった。現在ヨーロッパの一部と考えられているイベリア半島の征服は、七一〇～七一

▼ウスマーン(?～六五六)　第三代正統カリフ(在位六四四～六五六)。ムハンマドの古くからの信徒。

▼アリー(六〇六頃～六六一)　第四代正統カリフ(在位六五六～六六一)。ムハンマドのいとこ。シーア派初代イマーム。六六一年、ハワーリジュ派の一人に暗殺された。

▼ムアーウィヤ(?～六八〇)　ウマイヤ朝初代カリフ(在位六六一～六八〇)。父はメッカのクライシュ族ウマイヤ家の指導者アブー・スフヤーン。六三九年、シリア総督。第三代正統カリフ・ウスマーン暗殺後、第四代正統カリフと対立し、六六〇年に自らカリフを宣言。六六一年のアリー暗殺後、ウマイヤ朝を開く。

▼ウマイヤ朝(六六一～七五〇年)　ウマイヤ家のムアーウィアが建国。首都はダマスクス。十四人のカリフすべてが、ウマイヤ家出身。十四代カリフ・マルワーン二世が七五〇年にエジプトで殺され、滅びる。その後、一族のアブド・アッラフマーン一世が、七五六年にイベリア半島のコルドバで後ウマイヤ朝を興す。

五年ころにおこなわれた。その征服活動のなか、七一一年にイベリア半島と南フランスの一部を支配していた西ゴート王国が滅び、七一五年ころまでに主要な町のほとんどがイスラーム教徒の支配下におかれた。こうして、スペインは、ダマスクスのカリフが支配する巨大な帝国の一州に組み込まれたのである。東では、ウマイヤ朝からアッバース朝に政権がかわる翌年の七五一年、唐の軍勢をタラス河畔の戦いで破ることになる。

　このようにして、ムハンマドがイスラーム教を創唱してから一世紀をへずして、イスラーム教徒共同体は広大な領域を支配するようになったが、彼らはなぜ短期間にそれほど広大な地域を征服することができたのだろうか。征服された地域の政治権力が弱小であったり、分裂していたりしたため、イスラーム教徒の侵略に有効に対処できなかったという理由や征服する側の宗教的熱情もあったが、征服に参加した者たちの、戦利品獲得への欲求が征服活動の大きな推進力となったという事実を忘れてはならないだろう。歴史家バラーズリー▲によれば、アブー・バクルが、メッカ、ターイフ、ヤマンの人びと、ナジュドとヒジャーズのアラブ人たちにシリア遠征への参加を促す手紙を送ったさい、聖戦

▼シーア派とスンナ派　シーア派とスンナ派というのは、もともとカリフの選出にあたって別の候補者を支持する二つのグループにすぎなかったが、のちにイスラーム教徒を二分する宗派へと変化していった。つまり、アリーの血統を重視し、アリーの血筋を引く指導者(イマーム)を神聖視するシーア派と、血統より信徒の合意を重視し、カリフを共同体(ウンマ)の指導者とみなすスンナ派である。

▼バラーズリー(?〜八九二頃)　アッバース朝時代の歴史家。初期イスラーム時代の歴史書『貴顕の系譜』『諸国征服史』を著す。

（ジハード）の功徳とともにビザンツ帝国（ルーム）からえられる素晴らしい戦利品（ガニーマ）のことを語ったため、多くの人びとが来世での報酬と目の前にある戦利品を求めて参集してきたという。『コーラン』（第八章四一節）によれば、戦利品の五分の一はメディナのカリフに送付され、残りの五分の四は戦いに参加した者たちのあいだで分配されることになっていた。

しかし、多くの歴史家がもっとも注目してきたのは、イスラーム教徒たちの世界認識である。イスラーム法（シャリーア）では、世界はダール・アルイスラーム（イスラームの家）とダール・アルハルブ（戦争の家）とに区分される。ダール・アルイスラームは、すでにイスラーム法が施行されている世界で、そこにはイスラーム教徒とその支配に服するズィンミー（ユダヤ教徒やキリスト教徒などの「啓典の民」）が住んでいる。他方、その外側のダール・アルハルブは、まだイスラーム法が施行されていない世界であり、そこでは異教徒との戦争（ジハード）がおこなわれている。このようなイスラーム教徒の世界認識が、巨大な征服活動を精神的に後押ししたと考えられているのである。

さらに重要なことは、この征服活動が、メディナ、ついでダマスクスに拠点

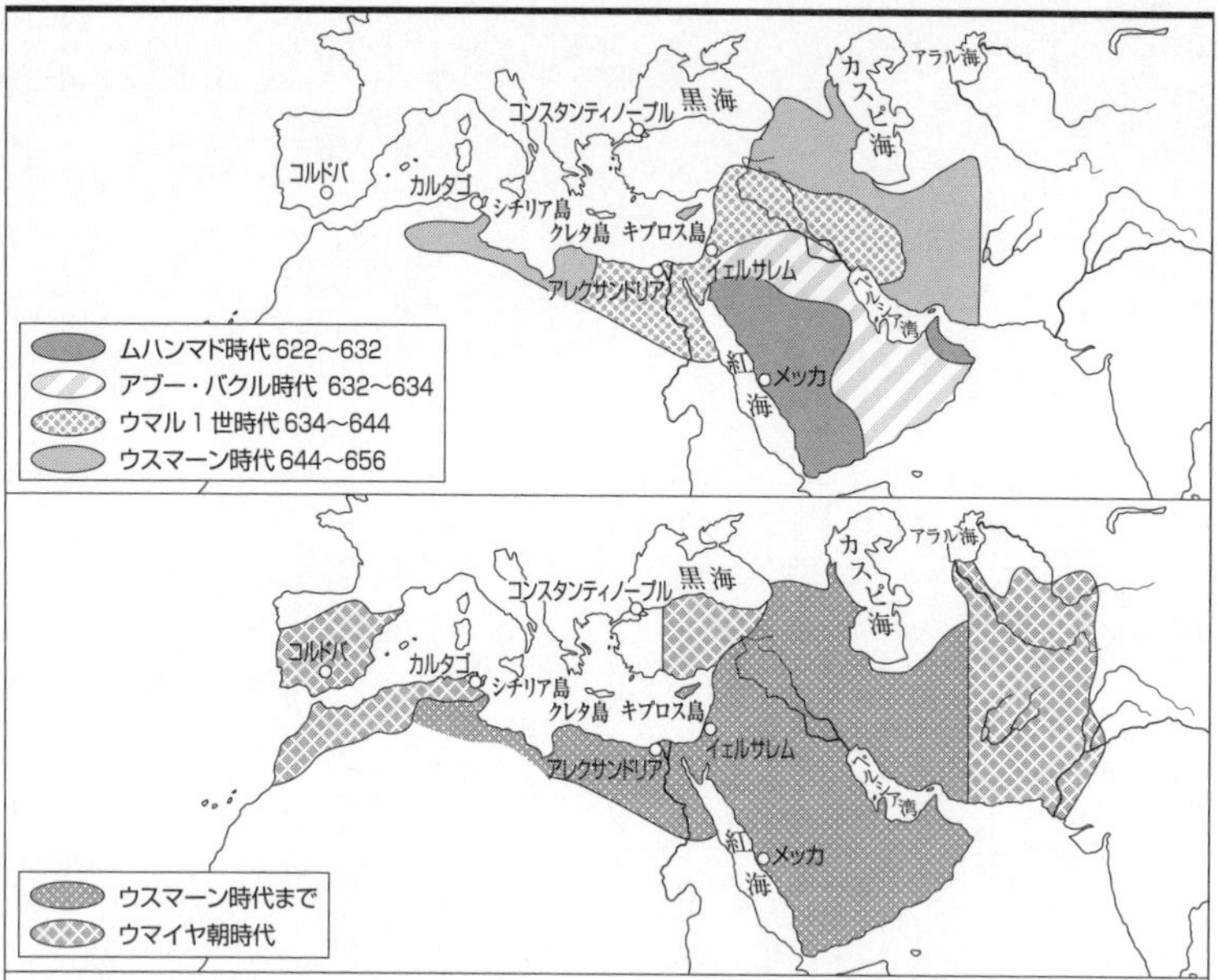

●——イスラームの地域的拡大

●——後継者にアリーを指名するムハンマド（十四世紀の細密画）

をおく国家の領土拡大だったということである。個々の戦士は宗教的熱情や実利によって突き動かされていたとしても、また、対外的には宗教的大義が掲げられていたとしても、この征服活動は、決して無秩序になされたものではなく、新しい国家の支配者による領土拡大事業だったのである。

このイスラーム教の拡大過程は、キリスト教の拡大過程とは大きく異なっている。キリスト教は、巨大なローマ帝国のなかで信者の数をふやし、信者の組織をつくりあげていったが、信者の共同体が国家を形成することはなかった。また、のちに、ローマ帝国の公認宗教となっても、キリスト教の指導者が皇帝となることはなかった。だが、イスラーム教の場合は、創唱者ムハンマドが信者集団を国家につくりあげ、その国家が拡大する過程でイスラーム教を広めていったのである。そして、そのムハンマドの後継者であるカリフが、国家の君主となっていたのである。

②—比較　文化圏

中世地中海の三大文化圏

「ヨーロッパ」と「イスラーム世界」を含む中世地中海の歴史▲は、一般につぎのように説明される。ローマ帝国が四世紀末に東西に分裂すると、ラテン・カトリック教文化圏とギリシア・東方正教文化圏の基本的な枠組みがかたちづくられる。そして、七世紀から八世紀にかけてイスラーム勢力が拡大し、イベリア半島、北アフリカ、中東、南アジアを支配する巨大な帝国が成立すると、地中海をあいだにはさんで大きな三つの文化圏が鼎立する時代となる。ラテン・カトリック文化圏の西ヨーロッパ、ギリシア・東方正教文化圏のビザンツ帝国、アラブ・イスラーム文化圏のイベリア半島、北アフリカ、中東である。この三つの文化圏の併存は、十五世紀半ばにビザンツ帝国が滅亡するまで続く。その後は、地中海をあいだにはさんで、アラブ・イスラーム文化圏とラテン・キリスト教文化圏が対峙した状態となる。

ここで用いられている文化圏という枠組みは、「ヨーロッパ」や「イスラー

▼地中海の歴史　地中海を中心に、ヨーロッパ、北アフリカ、中東地域における人間集団の歴史を俯瞰しようとした場合、「ヨーロッパ」と「イスラーム世界」という枠組みを使うならば、イスラーム国家の成立時から現在までは、つぎのように区分することができる。(1)イスラーム帝国の成立とその時期のヨーロッパ(七〜八世紀)、(2)イスラーム帝国の成立後、地中海に三大文化圏(ギリシア・東方正教文化圏、ラテン・カトリック文化圏、アラブ・イスラーム文化圏)が鼎立していた時代(八世紀後半〜十五世紀前半)、(3)ビザンツ帝国が滅亡したのち、オスマン帝国とヨーロッパ諸国が対峙していた時代(十五世紀後半〜十八世紀)、(4)ヨーロッパ列強による植民地化が進行した時代(十九〜二十世紀)、(5)グローバル化が進行する現在、である。

三大文化圏

ム世界」と同じく、厳密な認識の枠組みではない。しかし、歴史家たちは、この文化圏という言葉を、過去の世界や社会、歴史の流れを説明するために必要な、経験的・便宜的な枠組みとして用い、それぞれの文化圏になんらかのまとまりがあると考えているのである。比較の視点を重視する歴史家の多くが「ヨーロッパ」ではなく、「ラテン・カトリック文化圏」という言葉を用いるのは、地理的枠組みよりも言語や宗教でその集団を規定するほうが適切だという判断が働いているからであろう。

七〜八世紀に三つの文化圏が鼎立するようになって以後、ビザンツ帝国が滅びる十五世紀まで、地中海周辺のこの基本的枠組みは変化しない。しかし、文化圏の境界は移動し、それぞれの文化圏内部でも文化圏の境界地域でも大きな変化が生じている。ここでは、文化圏内部の変化を、皇帝や王などの支配者(君主)に焦点をあててみていくことにしよう。時代は、主として、七世紀から、さまざまな称号をもつ君主がでそろう十二世紀までをあつかうことにする。

ギリシア・東方正教文化圏

まず最初に、ギリシア・東方正教文化圏からみていくことにしよう。この文化圏は、文字どおりには、ギリシア語と東方正教(ギリシア正教)のキリスト教が支配的な文化圏を意味する。したがって、それは、政治的枠組みとは関係なく、ギリシア語と東方正教が広がる地域を指す。しかし、現実には、ギリシア語と東方正教を骨格とするビザンツ帝国(東ローマ帝国)という国家そのものを指して使われる場合が多い。

ギリシア・東方正教文化圏は、複数の政治構成体からなる他の二つの文化圏と、この点で大きく異なっているのである。そのため、この文化圏の中心は、つねに、帝国の中心である皇帝と首都コンスタンティノープルであった。また、十字軍による征服期(ラテン帝国▲)の一時期を除けば、ローマ帝国が東西に分裂した三九五年からオスマン帝国に滅ぼされる一四五三年まで、ほぼ一〇〇〇年におよぶ政治的・制度的継続性が維持されている。

このビザンツ帝国の政治体制は、一人の皇帝が支配する専制君主制であった。皇帝は、帝国における唯一の最高権力者であり、自らを神により選ばれた統治

▼**ラテン帝国**(一二〇四～六一年)　第四回十字軍がコンスタンティノープルを占領して建てた帝国。初代の皇帝はフランドル伯ボードゥアン一世。

者、地上における神の代理人とも主張していた。歴史家のなかには、皇帝は、法に縛られることなく、全帝国の所有者であったと考える者たちもいる。皇帝にたいする反乱や皇帝の暗殺は頻発したが、皇帝制度そのものが否定されることはなかった。この皇帝制度は、キリスト教や古代ギリシアの影響を受けてはいたが、基本的にローマ帝国由来のものである。したがって、皇帝は、軍隊、元老院、市民の歓呼により選ばれる軍隊の指揮官であった。そのため世襲制は容易に定着せず、皇位簒奪も頻発したのである。しかし、七〜八世紀ころには、帝位継承者の出自と家系を重視する傾向が強まり、コムネノス朝▲、パレオロゴス朝▲期には、選挙が減少して、世襲が一般的となっている。

このギリシア・東方正教文化圏においては、帝国の首都コンスタンティノープルが、政治、経済、文化すべての活動の中心であり、圧倒的に重要な都市であった。この都市は、五〇〇年までには人口約五〇万人の大都市に成長し、ヨーロッパでもっとも豊かで大きな都市となっている。そして、帝国内の他の都市と比べていくつもの利点をもっていた。第一に、周りを海と城壁で守られた堅固な要塞であった。陸側はコンスタンティヌス帝の城壁(三三〇年建設)とテ

▼**コムネノス朝**(一〇八一〜一一八五年) アレクシオス一世が始めたビザンツ帝国の王朝。

▼**パレオロゴス朝**(一二六一〜一四五三年) コンスタンティノープルを取り戻してラテン帝国を滅ぼしたミカエル八世によって始められたビザンツ帝国の王朝。

コンスタンティノープル

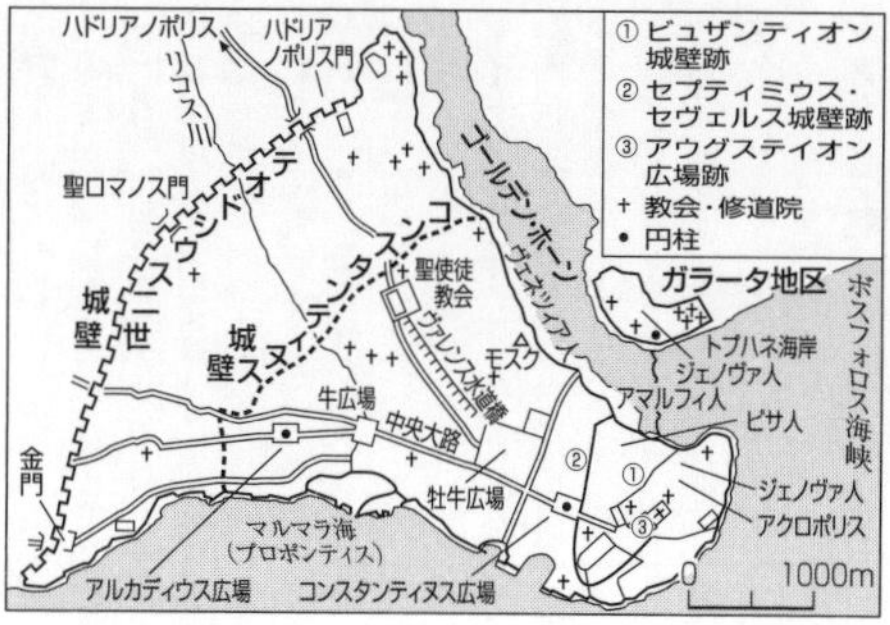

オドシウス二世の二重城壁(四一三年建設)で囲まれ、陸側から都市内へはいれるのは、都市の西端にあるテオドシウス二世の二重城壁の金門のみだった。ボスフォロス海峡の海流は激しく、海側からの攻撃は容易でなかった。第二に、ボスフォロス海峡に臨んでおり、東西交易を支配できる位置にあった。また、その港は深く、多くの船を嵐や海流から守ることのできる天然の良港であった。第三に、ビザンツ帝国のほぼ中心部にあり、アナトリア(小アジア)と西のトラキア・マケドニアの中間に位置していた。そのためこの都市は、アナトリアから兵士、水夫、さまざまな資源の補給を受けることができた。コンスタンティノープルは、帝国の政治・経済・文化、その他あらゆる活動の中心であり、この都市を押さえたものが帝国を支配することができたのである。

　皇帝が圧倒的な権力を有するビザンツ帝国では、東方正教のキリスト教聖職者は、ほとんどつねにその権力下にあった。五総大司教座▲の一つであるコンスタンティノープル総大主教座の総大主教が、帝国におけるキリスト教会の最高権威者であったが、彼が世俗の権力を行使することはほとんどなかった。神学者たちがいくら教会の優越を主張し、物質にたいする皇帝の権力と霊にたいす

▼**五総大司教座**(五本山)　ローマ、アレクサンドリア、アンティオキア、コンスタンティノープル、イェルサレムの五つの総大司教座。ローマ・カトリックの「司教座」は東方正教では「主教座」という。

る総大主教の権力とを分けることを主張したとしても、現実は、皇帝の権力と保護のもとにある教会にしかすぎなかった。皇帝は、総大主教を含む高位聖職者の人事に介入し、教会の財産を没収することも少なくなかったのである。

アラブ・イスラーム文化圏

アラブ・イスラーム文化圏とは、文字どおりには、アラビア語とイスラーム教が支配的な地域のことである。しかし、実際には、イスラーム教にもとづく政治体制が支配的である地域を指して用いられることが多い。つまり、イスラーム世界とほぼ同義で用いられているのである。この文化圏は、最初は、ムハンマドとその後継者であるカリフによる宗教共同体（ウンマ）であり、一人の君主に支配される国家でもあった。その首都がメディナからダマスクスへ移動し、その支配域が大西洋から南アジアにいたる広大な領域に拡大しても、ウマイヤ朝が終わる八世紀半ばまでは、一人の君主によって支配される国家であった。つまり、イスラーム教徒の共同体もカリフを君主とする国家もアラブ・イスラーム文化圏も、その領域と範囲はほぼ一致していたのである。

▼**アッバース朝**（七五〇～一二五八年）ムハンマドの叔父アッバースの子孫がカリフにつき、イラクを中心に、現在のモロッコから中央アジア西部まで版図を広げたイスラーム王朝。首都は、一時期を除いてバグダード。

▼**後ウマイヤ朝**（七五六～一〇三一年）ウマイヤ家のアブド・アッラフマーン一世が、七五六年にイベリア半島のコルドバに興したイスラーム王朝。この王朝は、日本では「後ウマイヤ朝」と呼ばれているが、アラビア語史料では「アンダルスのウマイヤ朝」、「コルドバのウマイヤ朝」と記されているだけであり、「後ウマイヤ朝」にあたる言葉が使われていたわけではない。

▼**イドリース朝**（七八九～九二六年）第四代正統カリフ・アリーの子孫であるイドリースがモロッコに建てたシーア派のイスラーム王朝。首都はフェス。ファーティマ朝に滅ぼされる。

▼**アグラブ朝**（八〇〇～九〇九年）軍人アグラブの息子イブラヒーム

しかし、八世紀半ばに始まるアッバース朝▲の時代には、それまでのように、一人のカリフが広大な領土をすべて支配することはできなくなっていた。アッバース朝が始まってすぐに、ウマイヤ家の一人がスペインで新しい君主に擁立され、後ウマイヤ朝▲が創設されたからである。さらに、新しい王朝が各地に生まれた。例えば、北アフリカには、イドリース朝▲、アグラブ朝▲、ファーティマ朝▲が建国され、東部にはサーマーン朝▲、ブワイフ朝▲が建国されている。アラブ・イスラーム文化圏は、ウマイヤ朝までの時代と異なり、一つの国家ではなく複数の国家の集合体となったのである。イスラーム文化圏の中心も一人のカリフから、複数の君主へと分散し、イスラーム文化圏は多極化したとみなすこともできる。

このような政治権力の分散は、イスラーム国家どうしの衝突を引き起こしたが、多くの研究者は、イスラーム世界は宗教的・文化的統一性を保持し、その経済活動、文化活動をつうじて繁栄を維持していたと考えている。イスラーム教徒たちは、イラン、ギリシア、エジプト、インドなどの古代文明の遺産を吸収し、イスラーム固有の学問や文化を発達させ、高度なイスラーム都市文明を

がイフリーキーヤに建てたスンナ派のイスラーム王朝。首都はカイラワーン。ファーティマ朝に滅ぼされる。

▼ファーティマ朝（九〇九〜一一七一年）　シーア派の分派であるイスマーイール派によって北アフリカに建てられたイスラーム王朝。アッバース朝カリフに対抗して、その君主はカリフを称した。

▼サーマーン朝（八七五〜九九九年）中央アジアとイラン東部に建てられたイラン系のイスラーム王朝。アッバース朝のアミール、ナスル・ブン・アフマドが、八七五年にカリフからマー・ワラー・アンナフルの支配権を与えられて成立。九九九年に、カラ・ハーン朝により滅ぼされた。

▼ブワイフ朝（九三二〜一〇六二年）イラク、イラン地域に建てられた十二イマーム派（シーア派最大の分派）のイスラーム王朝。九四六年、アミールのアフマドはバグダードにはいり、アッバース朝カリフよりアミール・アルウマラー（大アミール）の称号を与えられ、アッバース朝の実質的な支配者となった。

十世紀後半のイスラーム世界

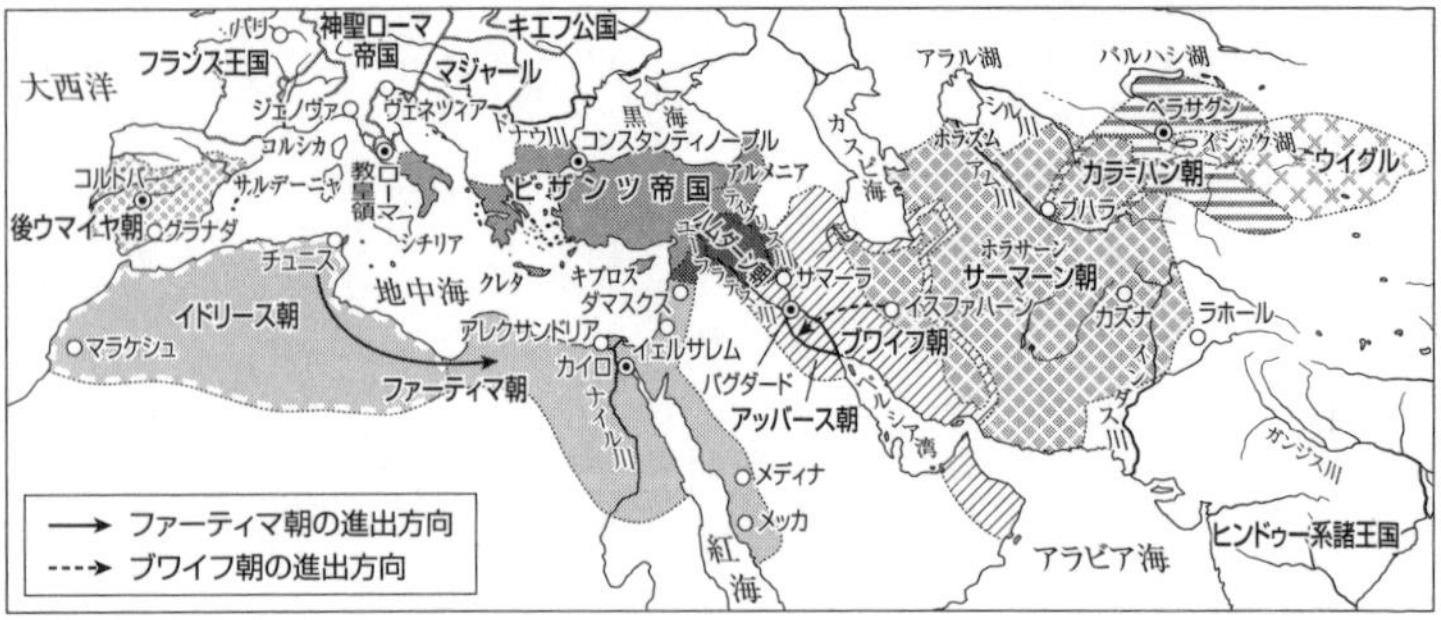

つくりあげたというのである。当時の知識人たちの多くも、国家をこえたイスラーム教徒共同体（ウンマ）の存在を前提に、そのあるべき姿を論じていた。

しかし、アラブ・イスラーム文化圏はもはや一人のカリフのもとにまとまったイスラーム教徒共同体でも、一人の君主が支配する国家でもなく、イスラーム教徒諸国家が広がる地域にしかすぎなくなっていた。それらイスラーム教徒国家の君主の呼び名は、さまざまである。その代表は、カリフ、アミール、スルタンだが、これらの称号をもつ君主の違いを確認していこう。

カリフは、アラビア語でハリーファというが、もともとは「継承者」あるいは「代理者」を意味する言葉である。初代のアブー・バクルから四代目のアリーまでは信徒の選挙により選ばれたが、その後、ウマイヤ朝期に世襲制となり、拡大していくイスラーム帝国の文字どおりの君主となった。その後、アッバース朝期にもカリフの世襲制は続き、十世紀半ばころまでは、宗教と政治両方の最高主権者でありつづけた。アッバース朝初期には、カリフの権威は著しく向上し、カリフ自らも自己を地上における「神の代理」と主張するようになっている。

しかし、イベリア半島の後ウマイヤ朝君主と北アフリカのファーティマ朝君主がそれぞれカリフを称するようになると、アッバース朝カリフは、イスラーム世界における唯一の権威ではなくなった。さらに、九四二年に大アミール職が創設されると、アッバース朝カリフは実質的な統治権を失い、九四六年にブワイフ朝が首都バグダードを占領したのちは、政治上の実権はブワイフ朝のアミールの手に握られることになる。アッバース朝カリフは、政治的実権をもたないたんなる宗教上の権威にすぎなくなったのである。

その後、アッバース朝カリフは、ブワイフ朝、セルジューク朝▲の支配のもとで存続しつづけるが、一二五八年にモンゴル軍がバグダードを征服したときに廃絶された。そして、一二六一年、マムルーク朝のスルタンだったバイバルス一世▲が、アッバース家の子孫を擁立し、カイロにカリフ制度を復活させたが、このカリフもスルタンの支配を正統化するための道具にすぎなかった。一五一七年、オスマン帝国のセリム一世▲がエジプトを征服したとき、カリフをイスタンブル（コンスタンティノープル）へと連行し、自らカリフの称号をおびるようになる。そして、カリフ制度は、最終的に、オスマン帝国が滅亡し、トルコ共

▼セルジューク朝（一〇三八〜一一九四年）　イラン、イラク、トルクメスタン地域に建てられたスンナ派のトルコ系イスラーム王朝。一〇五五年にトゥグリル・ベクがバグダードに入り、アッバース朝カリフより、スルタンの称号を与えられた。

▼バイバルス一世（一二二八頃〜七七）　マムルーク朝第五代スルタン（在位一二六〇〜七七）。

▼セリム一世（一四六七〜一五二〇）　オスマン帝国第九代スルタン（在位一五一二〜二〇）。

和国が成立したのち一九二四年に廃止された。

　イスラーム圏の君主のなかには、カリフではなくアミール▲という称号をもつ者たちがいる。このアミールは、元来、「司令官」や「総督」を意味する言葉だが、ムハンマドと正統カリフたちの時代には、軍隊の指揮官もしくは分隊長がアミールと呼ばれていた。そして、この軍隊の指揮官が征服した土地の総督となった場合もそのままアミールと呼ばれている。その後、ウマイヤ朝のもとで、こうした総督の多くが行政上の全権を委任され、地域によっては、カリフに等しい権威をもつ者もあらわれた。

　アッバース朝期になると、カリフから任命されてはいるがカリフの権威から自由なアミールが出現する。そして、自らの王朝を創設して政治的にカリフから独立する者もあらわれてくる。例えば、九世紀に始まるアグラブ朝、ターヒル朝▲、サッファール朝▲、トゥールーン朝▲、サーマーン朝、十世紀に始まるイフシード朝▲、ハムダーン朝▲、ガズニー朝▲の君主たちは、このアミールの称号をおびている。すでに述べたように、アッバース朝カリフの実質的な統治権を奪ったのは九四二年に創設された大アミール職であり、その後、このカリフのいる

▼アミール　英語で海軍提督を意味するadmiralも首長を意味するemirもともにこのアラビア語アミールに由来する。

▼ターヒル朝（八二一～八七三年）　アッバース朝のホラーサーン総督だったターヒルが独立して建てたイラン系のスンナ派イスラーム王朝。

▼サッファール朝（八六一～一〇〇三年）　イラン東部に建てられたイラン系のイスラーム王朝。

▼トゥールーン朝（八六八～九〇五年）　エジプト、シリア地方に建てられたトルコ系のイスラーム王朝。

▼イフシード朝（九三五～九六九年）　アッバース朝のエジプト総督が独立したイスラーム王朝。

▼ハムダーン朝（九〇五～一〇〇四年）　北メソポタミア、シリア北部に建てられたイスラーム王朝。

▼ガズニー朝（九七七～一一八六年）　アフガニスタンに建てられたトルコ系のイスラーム王朝。

バグダードを支配したのもブワイフ朝のアミールであった。

しかし、アミールの称号をもつ者すべてが独立の君主というわけではない。君主のもとで働く軍隊の指揮官もアミールと呼ばれつづけていたからである。セルジューク朝の場合は、スルタンのもとで軍隊の指揮にあたる多くの者がアミールと呼ばれており、マムルーク朝▲の場合は、アミールのなかに百人長から十人長までの位の分化がみられ、その総計も九〇〇人前後に達したときがある。

さて、アラブ・イスラーム文化圏にみられる君主の称号で典型的な三番目のものは、スルタンである。このスルタンという言葉は、「権力、権力者」を意味する古代シリア語の「シュルターナー」に由来すると考えられているが、十一世紀以後、セルジューク朝、ルーム・セルジューク朝▲、マムルーク朝など、スンナ派王朝の支配者の称号として用いられるようになった。このスルタンの称号をおびた君主の多くは、形式的に、カリフからこの称号を授けられるというかたちをとった。つまり、「イスラーム世界」(カリフの存在を認めるイスラーム教徒たち)の精神的な指導者から、世俗的な政治権力を委任されるという形式をとったのである。オスマン帝国▲の君主も、最初は、一三九六年のニコポリ

▼マムルーク朝(一二五〇〜一五一七年)　トルコ系マムルークにより建てられたスンナ派イスラーム王朝。首都はカイロ。エジプト、シリア、ヒジャーズ地方を支配。

▼ルーム・セルジューク朝(一〇七五〜一三〇八年)　トルコ系のセルジューク家によりアナトリア(ルームと呼ばれていた)に建てられたスンナ派イスラーム王朝。

▼オスマン帝国(一二九九〜一九二二年)　十三世紀末にアナトリア西部に建国。十四世紀半ばにバルカン半島へ進出したが、十五世紀初頭にティムール軍との戦いで敗れ、国家は一時崩壊した。その後再建され、十五世紀半ばにビザンツ帝国を滅亡させ、その旧都コンスタンティノープルを首都とした。

スの戦いののち、アッバース朝カリフの末裔《まつえい》からこのスルタン位を授けられたことになっている。

このように、アラブ・イスラーム文化圏の場合は、ビザンツ文化圏と比べて、はるかに複雑な状況にある。時代をへるにつれて大きく変化しており、なおかつ、地域的な違いも大きくなっているのである。

ラテン・カトリック文化圏

ラテン・カトリック文化圏は、字義どおりには、ラテン語とローマ・カトリックのキリスト教が支配的な地域を指すが、この文化圏も厳密に定義されたものではなく、実際には西ヨーロッパ地域を指す場合が多い。この地域にも、さまざまな政治構成体があり、皇帝・王・公・伯など、さまざまな称号をおびた支配者たちがいる。

まず、皇帝(imperator, emperor)の称号をおびる君主から検討しよう。すでに述べたように、ラテン・カトリック文化圏の最初の枠組みをなすのは、分裂したローマ帝国の西側部分である。この西側部分は、ビザンツ帝国へと連なる東側部分と異なり、五世紀のあいだにゲルマン人諸王国に分割された。そして、四七六年に最後の皇帝が廃位されて以後、西ヨーロッパからは皇帝が消えた。

西ヨーロッパに皇帝の称号が復活するのは、ゲルマン人諸国家の一つフランク王国が勢力を拡大し、その王カール大帝が八〇〇年に教皇から皇帝の冠を与えられたときである。この新しい皇帝が支配した地域は、かつてのローマ皇帝が支配した西の部分に比べればはるかに狭く、北アフリカもスペインの大部分もイタリア半島の南半分も含まれていない。しかし、私たちが、ラテン・カトリック文化圏と呼ぶ地域の中心部分は、まさに、彼が支配した領域なのである。カール大帝死後、彼の帝国は複数の王国に分裂し、皇帝位は複数の王のうちの一人がおびる名誉の称号となる。しかし、この皇帝の称号も、フリウリのベレンガル▲が死亡した九二四年を最後に消失してしまう。

再度この皇帝の称号が復活するのは、九六二年、東フランク王オットーが教皇から皇帝に戴冠されたときである。これがいわゆる「神聖ローマ帝国▲」の始まりとされているものである。これ以後、東フランク王、つまり、ドイツ王が皇帝位をおびることになるが▲、その支配域がドイツをこえることはほとんどな

▼フリウリのベレンガル（八四五頃〜九二四）　イタリア王（在位八八七〜九二四）、皇帝（在位九一五〜九二四）。

▼神聖ローマ帝国　「神聖ローマ帝国」という名称は、十三世紀半ばに出された証書のなかではじめて用いられたものであり、十三世紀後半には、ドイツ、イタリア、ブルグンド、ベーメンの諸王国を含むと主張されていた。九六二年のオットーの皇帝戴冠は、九二四年以後空位だった皇帝位に東フランク王がついたというだけのことであり、新しい帝国が誕生したことを意味したものではなかった。

▼神聖ローマ皇帝、東フランク王、ドイツ王　カール大帝のカロリング朝フランク王国が分裂してできた東フランク王国の王は、歴史家たちによって、東フランク王ともドイツ王とも表記される。この東フランク王＝ドイツ王が、皇帝として戴冠して、神聖ローマ皇帝となる。したがって、皇帝となるのは戴冠式のあとであり、通常は、王在位期間と皇帝在位期間が異なる。

かった。ドイツ王は、皇帝位を獲得することにより、ヨーロッパにおける権威を高め、国王権力の強化に役立てることができた。しかし、その強力な王権と国としてのまとまりも、十一世紀末から十二世紀初めの叙任権闘争(四〇～四一頁参照)をへて失われていく。ドイツは諸侯領(領邦)に分裂し、皇帝の支配権は大幅に縮小する。その後、この皇帝位は十九世紀初頭まで存続するが、近代にいたるまで、ドイツが皇帝の称号をおびた王のもとに統合されることはなかった。

つぎに、王の称号をもつ君主をみていこう。西ヨーロッパで王の称号をもつ君主が重要な意味をもちはじめたのは、五世紀にゲルマン人諸国家がつぎつぎと生まれていったときである。これらの新しいゲルマン人諸国家が生まれていくなかで西側のローマ帝国皇帝が廃絶され、王の称号をおびた複数の君主たちがこの地域の支配者となったのである。

しかし、フランク王国が拡大していく過程で、他のゲルマン諸国家は征服・併合され、それにともなって王の称号をおびる君主の数は減少していった。カール大帝以後、彼の帝国の外側、例えば、イベリア半島やブリテン島、北欧、東欧には王の称号をおびる君主たちがいたが、彼が支配した領域で王の称号をおびたのは、彼の帝国の継承者たちだけであった。

カール大帝の死後まもなくして、帝国は東フランク王国、西フランク王国、イタリア王国などの複数の王国に分裂する（ヴェルダン条約八四三年、メルセン条約八七〇年）。そして、皇帝の称号は、王の一人、とりわけ、東フランク王がかねる名誉の称号となる。しかし、相続争いとノルマン人の侵入により、王権が弱まり、地方権力が割拠する状態となった。

かつてカール大帝が支配していた地域（とりわけ西フランク、すなわち、現在のフランス地域）では、王の地方役人であった「伯」（コメース）たちが独立し、地方君主として立ちあらわれてくる。それらのうちの力のある者たちは自らの支配圏を拡大していった。そのなかには、「公」（ドゥックス）の称号をおびる者たちもいた。十世紀から十二世紀にかけてのフランスでは、王国は政治的構成体としてのまとまりをもっておらず、かわりに、「公領」（ドゥカートゥス）、「伯領」（コミタートゥス）、「城主（領主）支配圏」が、政治的まとまりをなしていた。つまり、この時期のフランスには、さまざまな規模の政治的構成体が複数存在し、その規模は、時期、地域によって大きく異なっていたのである。

一方東フランク王国(現在のドイツ地域)は、十世紀に侵入するマジャール人との戦いのなかで王権が権力を回復し、高位聖職者たちを支配機構の中枢に組み込んでいった。高位聖職者たちに世俗的特権を与えて、伯や公に並ぶ政治勢力に引き上げると同時に、その任免権を独占して国王直属としたのである。こうして、同時期のフランスに比べれば、はるかに強力な王権と、国としてのまとまりを有していた。しかし、この東フランク王国の中央集権化への動きは、叙任権闘争によって変化する。

ドイツやフランスと違って、北部のみがカール大帝の帝国に組み込まれていたイタリア地方は、西ローマ帝国滅亡後、ランゴバルドや東ローマ帝国(ビザンツ帝国)などのさまざまな政治勢力のあいだで分割された状態となり、地方権力の割拠も進行していた。ローマ教皇は、八世紀にピピン▲から教皇領を寄進されて以後、広大な世俗の領地をもつようになっていたが、十一世紀前半までは、世俗の君主やローマ貴族の影響下にあり、ローマをこえて大きな影響力を行使することもなかった。その状況が大きく変化するのは、十一世紀半ばであ

▼**ピピン**(七一四〜七六八) フランク王国カロリング朝初代の王(在位七五一〜七六八)。北イタリアのランゴバルド王国を征服。ラヴェンナなどを教皇に献じて、教皇領の基礎をつくる。

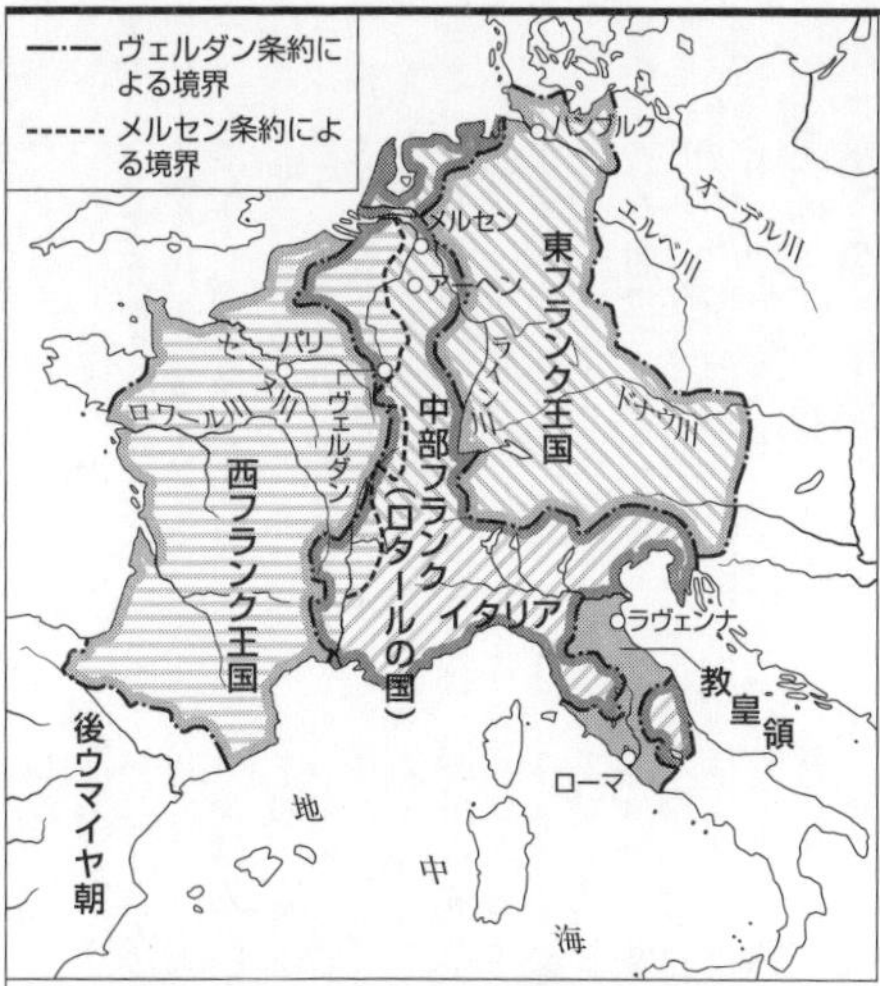

ヴェルダン条約とメルセン条約によるフランク王国の分裂

九八七年のフランス

ハインリヒ四世（中央）
ドニ修道士『マティルダ伝』（一一一四年）の細密画。

る。十世紀にゴルツェやクリュニーの修道院を中心に始まった修道院・教会改革運動の波が西ヨーロッパ各地を洗い、神聖ローマ皇帝ハインリヒ三世▲の宮廷へも波及した。禁欲的で強い宗教意識をもっていたハインリヒ三世は、この修道院・教会改革運動に深く共鳴し、自ら堕落した教会の建直しに着手すると同時に、ローマ教皇庁の改革を主導することになったのである。

　ハインリヒ三世が一〇五六年に他界すると、その王位は五歳の息子ハインリヒ四世▲に継承された。このハインリヒ四世の未成年期に教皇庁改革が先鋭化して進行したために、彼の成人後、激しい叙任権闘争を引き起こすことになったのである。教皇庁の改革派たちは、自分たちの理想に従って、西ヨーロッパの教会を教皇を中心としたヒエラルキーに組み込み、聖職者の任免権をローマ教皇に独占させようとした。それは、教会組織を改革し、健全化するために避けて通れない道だった。しかし、皇帝は、ドイツ王国で高位聖職者を王国行政の要にすえ、彼らを媒介とする統治をおこなっていたから、その任免権を失うことはドイツ王国の統治システムの崩壊を意味していた。

　半世紀におよぶ叙任権闘争は、ドイツ王国に大きな変化をもたらした。戦乱

▼**ハインリヒ三世**（一〇一七〜五六）　ザリエル朝二代目のドイツ王（在位一〇二七〜五六）、神聖ローマ皇帝（在位一〇三九〜五六）。

▼**ハインリヒ四世**（一〇五〇〜一一〇六）　ザリエル朝三代目のドイツ王（在位一〇五三〜一一〇六）、神聖ローマ皇帝（在位一〇五六〜一一〇六）。三歳でドイツ王、一〇五六年の父王死後、六歳で神聖ローマ皇帝となる。一〇六五年、十四歳で親政を開始するまで、母アグネスが摂政を務める。その後、ローマ教皇グレゴリウス七世と激しい叙任権闘争をくりひろげる。

が続いたため、城が乱立し、諸侯たちの力が拡大した。世俗諸侯たちだけでなく、司教や大修道院長などの聖界諸侯たちも、ラントと呼ばれる領域的支配権をつくりあげた。こうして、ドイツ王国は、自律的な諸侯領の集合体となっていった。ドイツ王は、司教職の自由な任免権を失い、教会組織に依存していた統治システムを失い、王国への支配権を大幅に弱めていった。ドイツ王の世襲性は後退し、諸侯による選挙がおこなわれるようになる。こうして、ドイツ王位は諸侯たちの利害に従って、異なる家系のあいだを行き来することになった。このような状況下で、ドイツ王の支配は、諸侯間の勢力均衡の上にかろうじて維持されえたにすぎない。

十二～十三世紀のシュタウフェン朝の時代に、ドイツ王は権力を回復し、王国をその支配のもとに再編しようとするが、中央集権化は成功せず、ドイツは、中世末期の領邦国家、つまり、ほとんど独立し完結した支配権をもつ領邦の集合体への道をたどることになる。逆にフランス王権は、十二世紀以後、王権と支配域の拡大に成功し、中央集権化を進めることができたのである。

このように、ラテン・カトリック文化圏では、ビザンツ帝国や初期のイスラーム文化圏にみられるような中心的存在がなく、全体を統一するような政治権力もない。ラテン語とローマ・カトリックのキリスト教の影響が大きい地域であるのはまちがいないが、かつてローマ帝国が支配していた地域であるということ、ゲルマンの諸王国がおおっていたということ以外に、この地域にまとまりをつけるのは難しい。唯一、この地域が一つのまとまりをなすのは、八世紀後半にフランク王のカール大帝が、政治的な統合をおこなったときである。また、ローマ教皇を中心としたキリスト教共同体としての意識が強くあらわれてくるのは、十一世紀以後のことである。十字軍の召集や異端の発生は、この意識の変化と密接に関連しているといえるだろう。

③—接触 交流と衝突

イベリア半島

中世の地中海周辺地域では、異文化に属する人びとの接触は広い範囲にわたって生じ、地中海をゆきかう商人や旅人、巡礼者たちは、彼らの訪れる現地の人びとと頻繁に接触していた。しかし、より恒常的な接触・交流がなされた場所として注目すべきは、異なる文化圏の境界地域、とりわけ、異文化に属する人びとを内にかかえる政治体制が成立していたイベリア半島とシチリア島である。

ラテン・カトリック文化圏とアラブ・イスラーム文化圏の境界地域となったイベリア半島は、古代ローマ帝国の時代には、ローマ帝国の属州を構成していた。五世紀初頭にゲルマン諸部族に占拠され、七世紀前半には西ゴート王がイベリア半島のほぼ全域を支配するようになった。西ゴート王国では内紛が絶えず、八世紀初頭、王と対立する一派が北アフリカのイスラーム勢力に援軍を求めたと伝えられている。このことが、イスラーム教徒によるイベリア半島征服

イベリア半島におけるイスラーム勢力の拡大

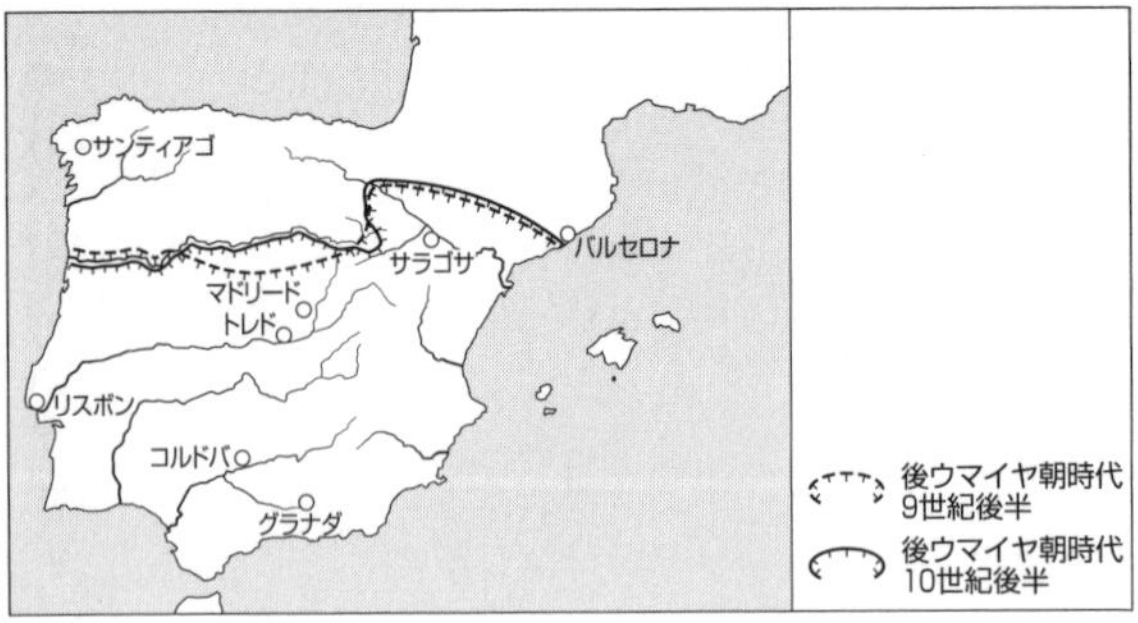

▼**マルワーン二世**（六九二頃〜七五〇）　ウマイヤ朝最後の十四代カリフ（在位七四四〜七五〇）。

を引き起こしたと考える研究者も少なくない。

七一一年、タンジャ（タンジール）駐屯軍指揮官だったターリク・ブン・ズィヤードが、ジブラルタルに上陸し、西ゴート王の軍隊を破って、西ゴート王国を崩壊に導いた。そして、七一五年ころまでには、イベリア半島の主要な都市を制圧し、キリスト教徒たちを支配する新しい君主となったのである。このイスラーム教徒支配下のスペインは、アラビア語でアンダルスと呼ばれるようになる。しかし、このアンダルスのイスラーム教徒政権は、強力な支配権を確立することができず、イスラーム教徒支配層のあいだでは内紛が続き、統治者も頻繁に交代していった。この政治的不安定がおさまるのは、八世紀半ばに後ウマイヤ朝が成立したのちである。

七五〇年にウマイヤ朝最後のカリフ、マルワーン二世▲が殺害され、イラクでアッバース朝が樹立されると、ウマイヤ家のアブド・アッラフマーン▲が、アッバース朝の迫害を逃れて、イベリア半島へ逃亡してきた。そして、七五六年、当地のイスラーム君主ユースフを破って、コルドバにウマイヤ朝を再興したのである。アブド・アッラフマーンは、コルドバのモスクで「アンダルスのアミール」と宣言されているが、カリフと称することはなかった。アンダルスのウマイヤ朝君主がカリフの称号をおびるようになるのは、アブド・アッラフマーン三世▲のときである。イフリーキーヤを拠点にマグリブに勢力を伸ばしてきたファーティマ朝君主がカリフの称号を用いていたため、それに対抗するため、彼も九二九年からカリフの称号をおびるようになったと考えられている。その後、後ウマイヤ朝は一〇三一年まで存続し、群小諸王の時代▲をへて、北アフリカのムラービト朝▲とムワッヒド朝▲の支配の時代をむかえる。

他方、イベリア半島北部の山岳地帯には、イスラーム勢力の支配をまぬがれたキリスト教徒勢力が残存していた。その代表は、滅亡した西ゴート王国の貴族の一人が七一八年に建国したアストリアス王国である。十一世紀ころより、この北部のキリスト教徒君主たちが勢力を拡大しはじめ、イスラーム君主たちはその支配域を大幅に減少させていった。キリスト教徒たちは、この勢力拡大の過程を、本来キリスト教徒のものであったイベリア半島をイスラーム教徒から取り戻す戦いとして、「再征服活動」(レコンキスタ、国土回復運動)と呼んできた。キリスト教徒の君主たち(カスティリア王、アラゴン王、ポルトガル王など)

▼アブド・アッラフマーン(七三一〜七八八)　後ウマイヤ朝初代アミール(在位七五六〜七八八)。

▼アブド・アッラフマーン三世(八九一〜九六一)　後ウマイヤ朝第八代アミール(在位九一二〜九六一)、初代カリフ。

▼群小諸王の時代　群小諸王はアラビア語「ムルーク・アッタワーイフ」の訳。一〇〇九年あるいは一〇三一年から九一年までの時期をいう。

▼ムラービト朝(一〇五六〜一一四七年)　北アフリカ西部とイベリア半島を支配したベルベル系のイスラーム王朝。

▼ムワッヒド朝(一一三〇〜一二六九年)　北アフリカ西部とイベリア半島を支配したベルベル系のイスラーム王朝。一一四七年にムラービト朝を倒して、マラケシュに首都をおいた。

▼ナスル朝（一二三二～一四九二年）イベリア半島最後のイスラーム王朝で、グラナダ王国とも呼ばれる。首都はグラナダ。

グラナダのアルハンブラ宮殿

は、十二世紀後半には半島の北半分をほぼその勢力下におき、一四九二年にはイベリア半島最後のイスラーム国家となっていたグラナダのナスル朝▲が滅亡することになるのである。

このように、イベリア半島では、八世紀初頭のイスラーム征服以後、政治的分裂や北部のキリスト教徒君主の勢力拡大をみながらも、イスラーム教徒支配が十五世紀末まで存続する。十一世紀以後はイスラーム君主たちの支配域の減少とキリスト教徒君主たちの支配域の拡大が顕著となり、キリスト教徒とイスラーム教徒とのあいだの対立や、十字軍に象徴される宗教的対立が存在していた。しかし、「再征服活動」という言葉が示唆するような、宗教的対立を基軸とする戦争が永続したと考えてはならないだろう。キリスト教徒君主どうし、イスラーム君主どうしの衝突や戦争が頻繁に生じ、キリスト教徒君主とイスラーム君主との同盟関係もみられたからである。

イスラーム君主支配下のスペイン、つまり、アンダルスでは、征服者であるイスラーム教徒軍人が支配層をなし、従来からの住民であるキリスト教徒、ユダヤ教徒が被支配層をなした。しかし、イスラーム教徒軍人は数のうえでは少数派であった。

　アンダルスのイスラーム教徒は、ほぼ三つの層を形成していたと考えられている。まず、最上層に位置するのが、アラブ人たちである。その数は少なかったが、もっとも影響力が大きく、経済的に豊かな人びとであった。つぎに位置するのが、軍人として政権を支えていたベルベル人たちである。彼らの多くは貧しい山岳地帯に所領を与えられていた。そして、最下層に位置するのが、イスラーム教に改宗したムワッラド▲たちである。このキリスト教からイスラーム教への改宗については、改宗者が十〜十一世紀に急増したと考える研究者もいれば、イスラーム教徒はすでに十世紀以前から多数派となっていたと考える研究者もいる。しかし、遅くとも十二世紀初めまでには、アンダルスの住民の大多数がイスラーム教徒になっていたようである。後ウマイヤ朝の首都コルドバの宮廷では、十世紀ころには高い地位にあるキリスト教徒やユダヤ教徒が確認できるが、その多くがイスラーム教に改宗したと考えられている。

　イスラーム教に改宗せずキリスト教やユダヤ教への信仰を保持しつづけた人びとは、イスラーム教徒支配者のもとでマイノリティ(少数派)となったが、そ

▼ムワッラド　イスラーム教徒に征服されたイベリア半島で、被征服民となったキリスト教徒住民の多くはイスラーム教に改宗し、ムワッラド(その転訛したものがムラディ)と呼ばれた。

▼モサラベ　イスラーム教徒支配下でアラビア語やイスラーム教徒の生活習慣を身につけたキリスト教徒。アラビア語のムスターリバ（アラブ化した者）が転訛したもの。

▼ムデーハル　キリスト教徒支配下でイスラームの信仰を保持しつづけたイスラーム教徒たち。アラビア語のムダッジャン（残った者）が転訛したものと理解されている。

の大部分は、アラブ・イスラーム文化の影響を受け、アラビア語を話すようになり、モサラベ▲と呼ばれた。彼らは最初、コルドバのイスラーム君主の保護のもとで、税を支払いながら、ほとんど自由を制限されることなく生活していたが、君主権力が弱体化すると、教会や修道院新築の禁止、葬式行列の制限、居住区の制限がおこなわれるようになり、迫害も増加した。

他方、キリスト教徒君主による「再征服活動」が進展すると、キリスト教徒の支配下におかれるイスラーム教徒の数が増加していった。このキリスト教徒支配下のイスラーム教徒はムデーハル▲と呼ばれた。このムデーハルたちは、最初、新しいキリスト教徒君主の支配のもとで、自分たちの信仰を保持することを認められ、自分たちの法のもとで生活することを許された。しかし、やがて、礼拝の呼びかけを禁じられ、祝祭日の生贄の儀式も巡礼への旅も禁止された。そして、特殊な衣服の着用や行列で運ばれる十字架の前で平伏することを求められるようになる。多くのモスクは教会に変えられ、キリスト教徒とイスラーム教徒の居住区は分けられ、イスラームに改宗しようとしたキリスト教徒は死刑を宣告されるようになった。反ユダヤ主義も高まり、イスラーム教徒同様、

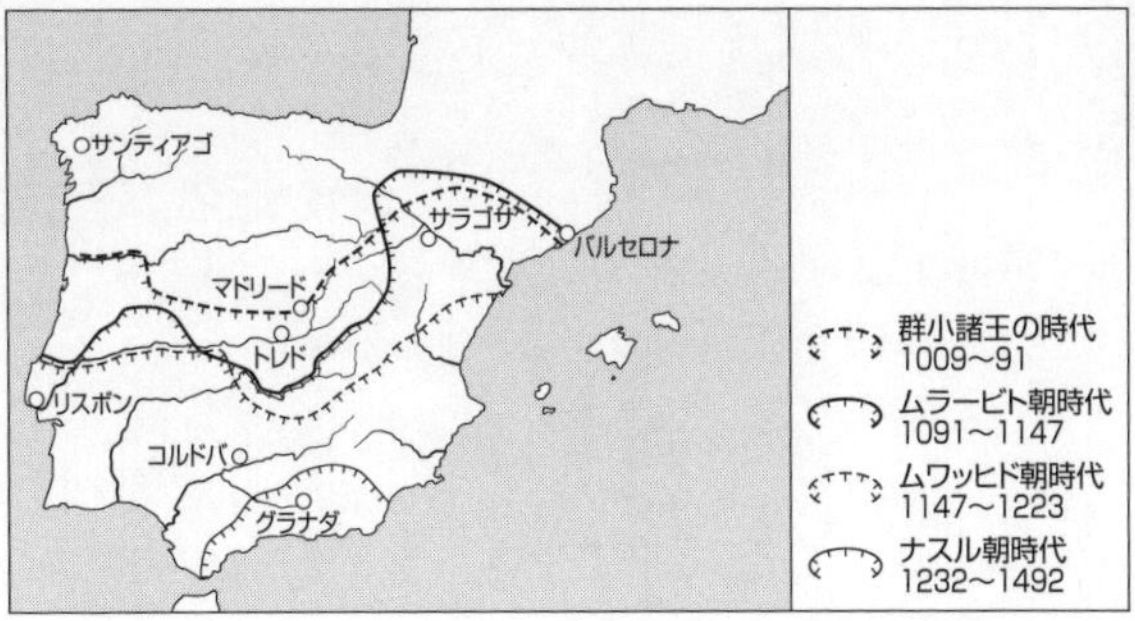

イベリア半島におけるイスラーム勢力の後退

ユダヤ教徒も大きな迫害を受けることになる。この迫害と改宗圧力のなかでキリスト教へ改宗する人びとが増加したと考えられている。

一四九二年にイスラーム教徒最後の砦グラナダが陥落すると、イベリア半島すべてがキリスト教徒の支配下におかれ、八世紀におよぶイスラーム教徒のイベリア半島支配は終わりを告げた。この年、ユダヤ教徒たちは、洗礼と追放のいずれかを選択することを迫られた。グラナダのイスラーム教徒たちも、一五〇〇年、同様の選択をしいられたが、移住は子どもを残していくことが条件だったので、多くは改宗してとどまる道を選んだと考えられている。この時キリスト教へ改宗したイスラーム教徒とユダヤ教徒は、自分たちの文化や慣習を保持し、もとの信仰を密かにもちつづけることが多かったため、もとからのキリスト教徒と区別されて、イスラーム教からの改宗者はモリスコ、ユダヤ教からの改宗者はコンベルソと呼ばれた。モリスコは、最終的に、一六〇九〜一四年にイベリア半島から追放されてしまう。

シチリアの宮廷の書記官たち(十二世紀末の細密画)

シチリア島

アラブ・イスラーム文化圏とラテン・カトリック文化圏、さらに、ギリシア・東方正教文化圏との境界地域となるシチリア島は、イベリア半島と同様に、複雑な歴史をもっている。シチリア島は、ローマ帝国、ヴァンダルや東ゴートなどのゲルマン人支配をへて、ビザンツ帝国(東ローマ帝国)の支配下におかれ、九世紀にはイスラーム教徒に征服される。そして、十一世紀末には、北フランス出身のノルマン人に征服され、一一三〇年に成立するノルマン・シチリア王国の中心部分となった。

このノルマン・シチリア王国では、アラブ・イスラーム文化、ギリシア・東方正教文化、ラテン・カトリック文化を背景にもつ人びとが、併存して生活していた。ただ、これらの異なる文化集団に属する人びとは、王国内に混住していたわけではなく、モザイク状に住み分けていた。シチリア島の南部、中央部、西部には、多くのアラブ人が住んでおり、北東部にはギリシア人とアラブ人が住んでいた。イタリア半島南部のカラーブリアの住民の多くはギリシア人であり、それより北の住民の大部分は南イタリア人だった。世俗の領主たちのほと

●――パレルモのサン・カタルド教会

●――ノルマン以前の南イタリア

●――ノルマン・シチリア王国

●――パレルモのサン・ジョヴァンニ・デリ・エレミティ教会

ノルマン王宮「ルッジェーロの間」のモザイク画（十二世紀）

▼**フトバ**　金曜礼拝や二大祭礼拝など、特別なイスラーム行事のときにおこなわれる説教。

んどはラテン系、とりわけ、ノルマン人であり、大所領を有する教会や修道院の聖職者たちの多くもラテン系だった。しかし、王に仕える役人たちは、アラブ人、ギリシア人、ラテン系すべてを含んでいた。農民の多くは、シチリア島ではアラブ人、ギリシア人、イタリア半島部ではギリシア人か南イタリア人であった。

十二世紀末にこの島を訪れたスペインの旅行者イブン・ジュバイルは、王国に住むイスラーム教徒たちの状況を、その『旅行記』のなかで詳細に書き記している。首都パレルモには、多くのイスラーム教徒が住み、町中には複数のモスク、郊外には彼ら専用の市場が数多くあった。フトバ▲が禁止されていたため、彼らは金曜礼拝をすることができなかったが、祭日にだけは、アッバース朝カリフの名でフトバを唱え礼拝することが許されていたという。彼らには、訴訟を申し立てる裁判官（カーディー）がおり、イスラーム法にもとづく裁判がおこなわれていた。さらに、この町のキリスト教徒女性たちは、イスラーム教徒女性のような装いをしていたと記されている。彼らは、正しいアラビア語を流《りゅう》暢《ちょう》に話し、外衣で身を包み、ベールをつけていた。そして、クリスマスには装

▼グリエルモ二世(一一五三〜八九)
ノルマン・シチリア王国三代目の王(在位一一六六〜八九)。
ジーザ宮に展示されている四種類の文字が刻まれた墓碑(十二世紀)

飾品をつけて着飾り、ヘンナで化粧をし、香水をつけ、金糸で刺繍したスリッパをはいて、教会へでかけていたという。

シチリア島西岸にあるトラパニの場合も、住民はイスラーム教徒とキリスト教徒からなり、町にはモスクと教会の両方があった。イブン・ジュバイルの一行は、断食明けの小祭にこのトラパニの町のモスクの一つで礼拝をおこなったが、イスラーム教徒住民たちが法官(ハーキム)とともに太鼓やラッパを鳴らしながら郊外の礼拝所まで行進していったと記している。彼は、トラパニのイスラーム教徒たちが、このようなイスラームの宗教や慣習を保持していること、そして、キリスト教徒たちがそれを許容していることに驚きの声をあげている。

パレルモの王宮では、王を世話するために多くの人びとが雇われていたが、その大部分はアラブ・イスラーム文化のなかで育ったアラブ人たちだった。イブン・ジュバイルによれば、グリエルモ二世▲は、このアラブ人たちを深く信頼し、身辺の業務や重要な事柄すべてを彼らに任せていた。料理長もイスラーム教徒であり、イスラーム教徒黒人奴隷からなる軍団もかかえていた。王の側近く仕える宦官《かんがん》の小姓たち、侍女や女官のほとんどがやはりイスラーム教徒だっ

▼**ルッジェーロ二世**(一〇九五〜一一五四)　ノルマン・シチリア王国初代の王(在位一一三〇〜五四)。写真はマルトラーナ教会のモザイク画(十二世紀)。

た。王宮へ連れてこられたフランク人女性たちが、王宮の侍女たちの影響を受けて、キリスト教からイスラーム教へ改宗していたというエピソードも伝えられている。

王国の国政をつかさどる宰相の多くは異国出身だった。ルッジェーロ二世▲の宰相はシリアのアンティオキア生まれのギリシア人、グリエルモ二世未成年期の二人の宰相はジェルバ島生まれのアラブ人宦官とフランス人である。王国国政の実権を握った四人の宰相のうち三人までもが異国生まれであり、南イタリア出身者は一人にすぎない。宰相がおかれていないときには、王国の国政は王国最高顧問団により運営されていたが、この王国最高顧問団のなかにも多くの異邦人やアラブ文化に属する人びとが含まれている。そして、王のために働く役人のなかにも、異国生まれの者たちやアラブ人、ギリシア人が数多くみられた。

ヨーロッパの歴史家たちは、王国の異文化並存状態をキリスト教の寛容性の象徴としてしばしば言及してきたが、キリスト教の寛容性がこの異文化並存状態を可能としたわけではない。イブン・ジュバイルは、この島のイスラーム教徒たちが改宗の圧力のもとで生活していたことを記している。この島のイスラーム教徒たちの指導者の一人アブー・アルカーシムは、高位の役人としてグリエルモ二世に仕えていたが、北アフリカのムワッヒド朝と内通しているという告発を受け、王の保護を解かれて自宅に監禁された。その財産は没収され、三万ムウミニーヤ・ディーナールをこす罰金を科された。イブン・ズルアというイスラーム法学者は役人に強要されて、イスラームの信仰から離脱し、キリスト教に入信した。彼の場合は、改宗後、キリスト教徒の法を学び、キリスト教徒とイスラーム教徒の両方の裁判をおこなうようになったという。

この王国で異文化集団の共存が可能だったのは、この地に住むキリスト教徒が宗教的・文化的に寛容だったからではなく、強力な王権がイスラーム教徒を必要とし、彼らにたいする攻撃や排斥を抑制していたからである。実際、戦争や騒乱のときにはかならずといってよいほど、イスラーム教徒への攻撃がおこなわれている。また、王国のイスラーム教徒人口が減少するにつれて、王権のイスラーム教徒住民にたいする態度も冷淡になっていく。十三世紀前半、フリードリヒ二世▲は、シチリア島のイスラーム教徒たちが、北アフリカのイスラー

ベッドに横たわるグリエルモ二世（十二世紀末の細密画）

▼フリードリヒ二世（フェデリーコ二世）　シチリア王（在位一一九七〜五〇）、神聖ローマ皇帝（在位一二二〇〜五〇）。神聖ローマ皇帝ハインリヒ六世と初代ノルマン王ルッジェーロ二世の娘コスタンツァのあいだに生まれた。一一九七年に、三歳でシチリア王となり、一二〇八年に十四歳で成人し、一二二〇年には神聖ローマ皇帝となっている。

ム君主たちの援助を受けて反乱を繰り返していたため、彼ら約二万人をイタリア半島南部のルチェーラに強制移住させた。そして、一三〇〇年には、最後のイスラーム教徒が奴隷として売却され、イタリア半島からすべてのイスラーム教徒が消滅することになるのである。

十二世紀ルネサンス

一九二七年、中世史家チャールズ・ハスキンズが▲『十二世紀ルネサンス』という書物を刊行し、十二世紀の西ヨーロッパがそれまで考えられていたような「暗黒時代」ではなく、ルネサンスと同じように文化活動が盛んな時代であったことを明らかにした。このハスキンズの十二世紀ルネサンス論において重要な位置を占めるのが、イベリア半島とシチリア島の翻訳活動である。

イスラーム教徒支配下にあったイベリア半島のトレドは、一〇八五年にキリスト教徒によって征服され、十二世紀には西ヨーロッパの学問の中心となっていた。そこでは、大量のアラビア語の書物がラテン語へ翻訳されるようになった。シチリアのパレルモ宮廷も、ノルマン王の保護のもとで、学問の中心とな

▼**チャールズ・ハスキンズ**（一八七〇〜一九三七）　アメリカの歴史家。著書に『ヨーロッパ史におけるノルマン人』『ノルマンの制度』『中世科学史の研究』『中世文化の研究』などがある。

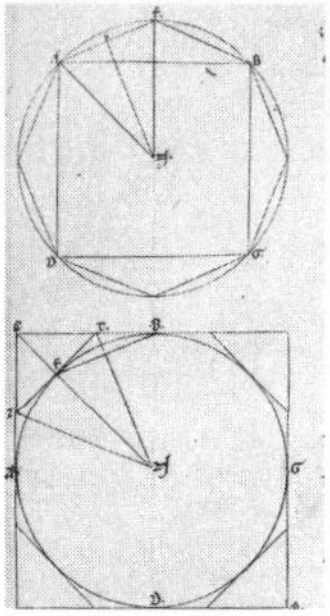

ユークリッド幾何学(十三世紀の写本)

目と鼻の治療(十二世紀の写本)

り、ギリシア語やアラビア語の書物がラテン語に翻訳された。当時のラテン・カトリック文化圏を代表する知識人の多くがギリシア語やアラビア語の写本、そのラテン語訳を求めてイベリア半島やシチリア島を訪れ、そこでえた情報や知識をフランスやイギリスに持ち帰っていった。そして、「十二世紀ルネサンス」と呼ばれる西ヨーロッパの大文化活動を引き起こすのである。

イベリア半島やシチリア島が、西ヨーロッパのキリスト教徒たちが東方文化を受け入れる場所であったことにまちがいはない。しかし、この現象を文化圏をこえて生じる文化移転の一部とみなすこともできるだろう。イスラーム教徒たちは、かつて古代ギリシアやインドの学問を輸入して、イスラーム哲学や自然科学の礎を築いた。九世紀のアッバース朝カリフは、ギリシア語の文献をアラビア語に翻訳するために、バグダードに「知恵の館」をつくったが、これはのちのイスラーム世界における学術研究の拠点となった。その三世紀後の十二世紀に、今度はキリスト教徒たちが、イスラーム教徒たちの学問を、イベリア半島やシチリア島経由で西ヨーロッパに輸入する。このように、イベリア半島やシチリア島における翻訳活動は、アラブ・イスラーム文化圏から西ヨーロッパへと学問や芸術が伝わる文化移転の一部とみなすことができるのである。

十字軍

異文化に属する人びとの衝突は、人びとが接触し、交流するところで広くみられる現象である。商人や旅人、巡礼者と、彼らが訪れる現地の人びととのトラブルはいうにおよばず、より恒常的な接触・交流がなされていたイベリア半島やシチリア島においても宗教や言語・慣習を異にする人びとのあいだの対立や争いが絶えなかった。

しかし、「ヨーロッパ」と「イスラーム世界」の衝突として、多くの人びとの脳裏に最初に浮かぶのは、十一世紀末からほぼ二〇〇年のあいだ続いた十字軍ではないだろうか。ヨーロッパの歴史をひもとけば、かならずといってよいほど、十字軍の記述に出会うが、十字軍は、中世から現代にいたるまで、キリスト教徒による異教徒討伐の聖戦として長いあいだ語り継がれてきた。

十字軍召集のきっかけとなったのは、アナトリア(小アジア)へのセルジューク朝の勢力拡大である。脅威を感じたビザンツ皇帝は、ローマ教皇ウルバヌス

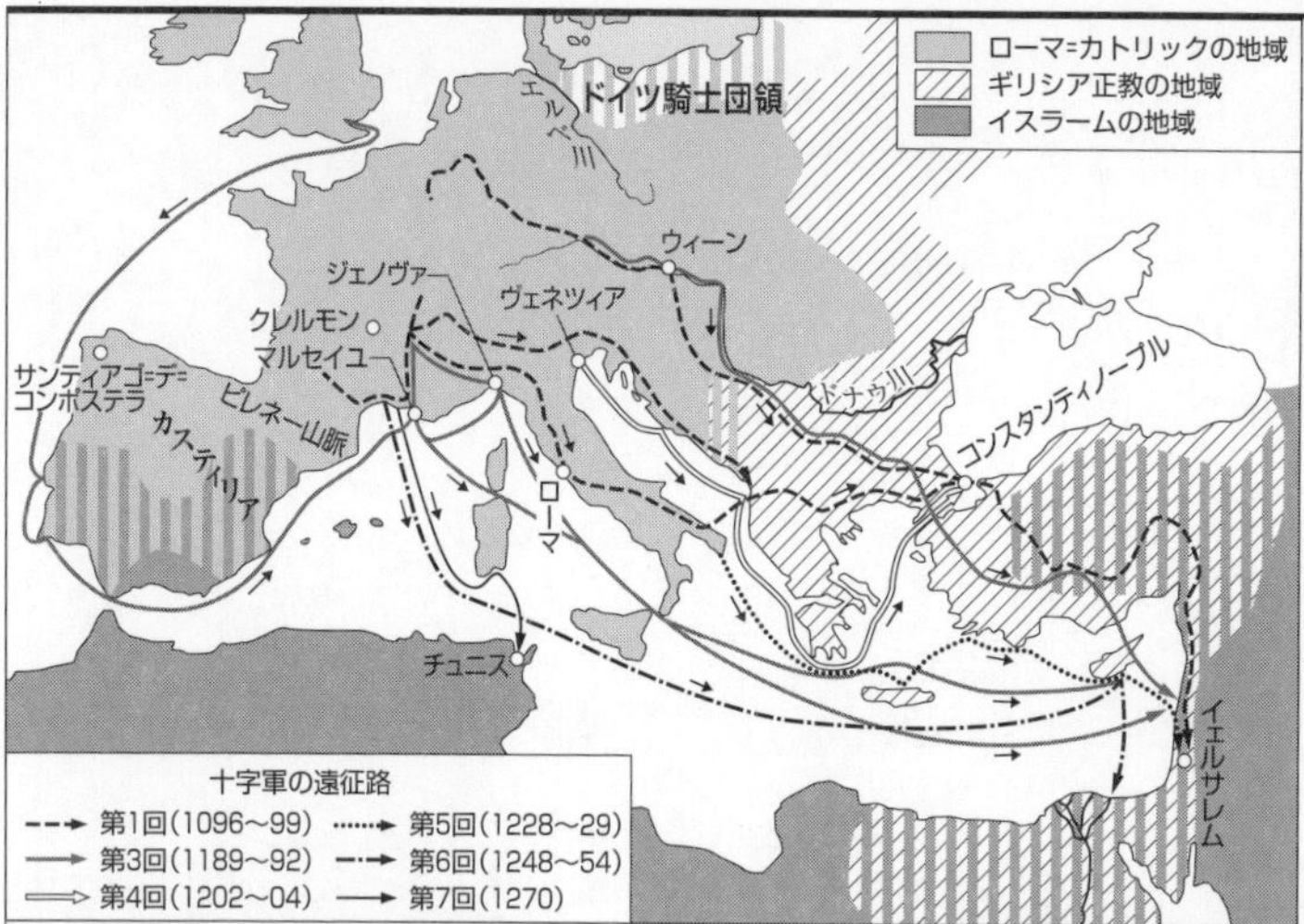

十字軍の遠征路

ウルバヌス二世（十四世紀の細密画）

クレルモンの宗教会議（十五世紀末の細密画）

二世に書簡を送り、西ヨーロッパの王や諸侯の救援を求めた。これにこたえて、教皇は、一〇九五年のクレルモンの宗教会議で、聖地回復のための十字軍遠征を呼びかけたのである。この呼びかけを直接記した史料は残っていないが、そのことを間接的に記した史料から、つぎのような内容が推測されている。「あなた方キリスト教徒たちには、イェルサレムへ行き、異教徒と戦ってキリストの聖墓を救い出す義務がある。神は、あなた方に、乳と蜜の流れる土地をお与えになっているのである」。

西ヨーロッパの諸侯・騎士の多くが遠征への参加を表明し、翌年、第一回十字軍が出発することになる。教皇は、十字軍への参加者に、留守中の家族と財産の保護を認め、贖宥《しょくゆう》を与えた。また、第一回十字軍の総司令官にはル・ピュイ司教アデマールを任命し、彼の指揮のもとに、世俗君主たちが率いる四つの軍団を編成した。この第一回十字軍では、アンティオキアと聖地イェルサレムの征服に成功し、新しい十字軍国家が建てられた。しかし、周りをイスラーム諸国に囲まれていたため、これらの国家を維持するのは困難をきわめ、聖地や主要都市がつぎからつぎへとイスラーム教徒たちに奪い返された。そして、そ

イェルサレムの聖墳墓教会に詣でる巡礼者たち（十五世紀の写本。細密画）

のたびに新しい十字軍が召集されたのである。

初期のころの十字軍には、多くの農民や都市民が参加したが、その大部分はただの巡礼の徒にすぎなかった。彼らは武装しておらず、実際に戦闘が始まれば、兵士たちの足手まといとなることも、戦いの犠牲者となることも少なくなかった。それでも、彼らは聖地をめざした。彼らにとっては、聖地解放よりも、巡礼の苦難をへて聖地にたどりつくこと、あるいは、そこで死を迎えることのほうがはるかに重要だったのである。

十字軍遠征が実現した背景には人びとの信仰心と宗教的熱情があった。しかし、十字軍は、教皇の政治的思惑や諸侯・騎士の領地獲得欲、さらに、商人の利権拡大欲などによって推し進められ、十三世紀には軍事的性格を強めることになる。そして、その輸送と補給を受け持ったイタリア海港都市、とりわけヴェネツィアは、東地中海に利権を拡大し、東方交易から莫大な富をえることになる。

二世紀におよぶ十字軍は、かつていわれたほど、西ヨーロッパの経済的発展に貢献したわけでも、騎士階級の没落や王権の拡大に寄与したわけでもない。

イェルサレム包囲戦（十四世紀の細密画）

東方文化の輸入という役割も、イベリア半島やシチリア島に比べれば、それほど大きなものではないだろう。しかし、十字軍は、少なくともつぎの三つの点でその後の歴史に大きな影響を与えたと考えられる。

まず第一は、イスラーム教徒たちをキリスト教徒の共通の敵と認識することによって、キリスト教徒共同体の存在が、はじめて多くの人びとに共有されはじめたということである。教皇は、聖なる戦いの最高指揮官としてその影響力を強め、キリスト教徒たちは、異教徒、異端にたいする不寛容を増大させた。第二に、攻撃されたイスラーム教徒たちの側の異教徒にたいする不寛容も増大し、イスラーム諸国に住むキリスト教徒やユダヤ教徒への弾圧・攻撃が頻発した。第三に、コンスタンティノープルを占領してビザンツ帝国を滅ぼした第四回十字軍に象徴されるように、ラテン・カトリック文化圏のキリスト教徒たちとギリシア・東方正教文化圏のキリスト教徒たちとのあいだに大きな亀裂を生じさせた。このように、十字軍は、人びとの意識のなかで、ラテン・カトリック文化圏、ギリシア・東方正教文化圏、アラブ・イスラーム文化圏の存在と対立の構図を浮かび上がらせることになったと考えられるのである。

イスラーム教徒の虐殺（十四世紀の細密画）

十字軍は、のちに、キリスト教内部の敵、例えばアルビジョワ派などの異端にたいして、あるいは教皇の政敵にたいして向けられることもあったが、理念的には、キリスト教徒の異教徒との戦いであった。それは、基本的には、キリスト教徒共同体の指導者である教皇によって提唱され鼓舞された、キリスト教世界を拡大する戦いだったのである。十字軍は、キリスト教徒とイスラーム教徒が対峙して戦う宗教戦争ではなく、十字軍士による一方的な征服戦争であった。十字軍が他の征服戦争と異なる点は、キリスト教という宗教がその原動力となりつづけたということ、教皇が主導的な役割を果たしつづけたということである。そして、教皇による正当化と他者集団への無知のために、イスラーム教徒への攻撃は凄惨《せいさん》を極めたのである。

フリードリヒ二世の十字軍

しかし、この十字軍の歴史のなかで、唯一、戦いではなく交渉によって聖地イェルサレムの回復に成功した十字軍がある。神聖ローマ皇帝フリードリヒ二世による第五回十字軍である。フリードリヒ二世は、一二二八年、シリアのア

フリードリヒ二世とアル・カーミル
（十四世紀の細密画）

ッカーに上陸し、十字軍士たちに歓呼の声でむかえられたが、彼らの期待にこたえてイスラーム教徒への攻撃を開始することはなかった。彼は、武器をとるかわりに、エジプトのスルタン、アル・カーミルと、イェルサレムを取り戻すための長い交渉を始めたのである。そして、五カ月におよぶ交渉の末、イェルサレムを明け渡す条件を定めたヤッファ協定を結んだ。こうして、一滴の血も流すことなく、イェルサレムをイスラーム教徒の手からキリスト教徒の手に移したのである。

　このフリードリヒ二世の第五回十字軍は、一般にはあまりよく知られていない。これまで十字軍研究者たちによって注目されることも重視されることもほとんどなかった。十字軍研究者たちは、長いあいだ、この十字軍を正式なものとみなさず、番号をふることさえしなかったのである。そのため、この十字軍は、今でも、たんに「フリードリヒ二世の十字軍」と呼ばれたり、第五回十字軍の一部とみなされることがある。十字軍研究者たちがこの十字軍を重視しなかったのは、おそらく、つぎの二つの理由からだろう。一つは、フリードリヒ二世が十字軍にでかけたときに、破門に処されていたということ、もう一つは、フリードリヒ二世が一度も異教徒と戦わなかったということである。

フリードリヒ二世にみられる合理的で現実的な態度は、おそらく、彼が生まれ育ったシチリアで育まれたものである。彼は、神聖ローマ皇帝としてドイツ王国の伝統を継承する立場にあったが、実際はまぎれもなくノルマン・シチリア王国の伝統を受け継ぐシチリア王だった。かつてのノルマン王たちと同じく、イスラーム教徒の役人やイスラーム教徒の軍人をかかえ、その宮廷ではイスラーム教徒を含む優れた学者たちが活躍していた。彼はまた、イスラーム世界の政情にもつうじ、イスラーム教徒をたんに異教徒だからだという理由で敵視することもなかった。フリードリヒ二世は、キリスト教世界しか知らない他のヨーロッパ君主たちと違い、キリスト教徒を中心とした世界観から自由だったといえるのである。彼の意識のなかで自分と対立・衝突していたのは、おそらく、イスラーム教徒たちではなく、同じキリスト教徒の諸侯であり、教皇だったと考えられる。

ヤッファ協定が結ばれた後、聖地イェルサレム、ナザレト、ベトレヘムなどの都市がフリードリヒ二世に移譲された。イェルサレムは基本的にフリードリ

イェルサレムの地図（十三世紀）

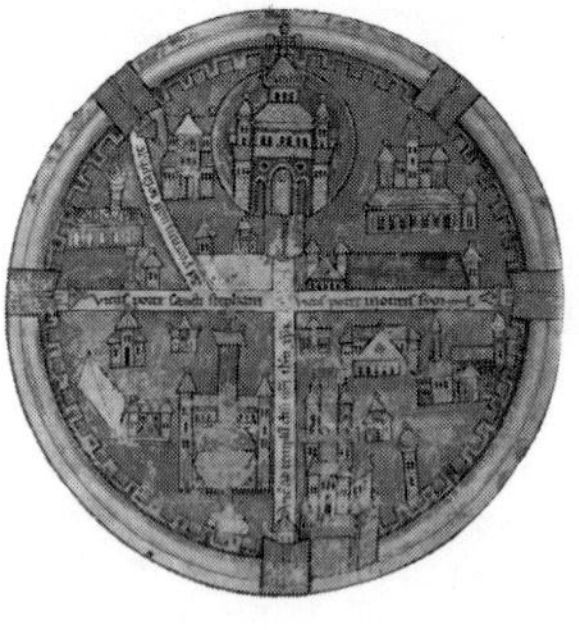

▼聖ヨハネ騎士団　第一回十字軍の時代に成立した宗教騎士団。イェルサレムを奪われたのちロードス島に本拠をおいたため「ロードス騎士団」と呼ばれるようになり、一五三〇年にはマルタ島に移り、「マルタ騎士団」と呼ばれるようになる。

▼グレゴリウス九世（一一七〇頃～一二四一）　ローマ教皇（在位一二二七～四一）。

ヒ二世の統治下におかれ、その内部のハラム・アッシャリーフ区はイスラーム教徒の管理下におかれた。ハラム・アッシャリーフ区は、イスラーム教徒の聖所である岩のドームとアクサー・モスクを含んだ区域であり、イスラーム教徒はこの場所に自由に出入りして礼拝をおこなうことを認められたのである。キリスト教徒もこの聖所に祈りに来ることを認められた。他方、イスラーム教徒は皇帝の管理下におかれたベトレヘムへ行くことを認められ、イスラーム教徒共同体の自治も認められた。また、フリードリヒ二世は、どのような状況になってもアル・カーミルを攻撃しないこと、アル・カーミルを攻撃するキリスト教徒たちを援助しないこと、アル・カーミルの支配地を守ることなどを約束した。

　しかし、このキリスト教徒とイスラーム教徒の平和的共存を取り決めた協定も、交渉によるイェルサレムの移譲も、人びとの共感をうるどころか、強い反発をまねいた。キリスト教徒の側では、現地の聖ヨハネ騎士団▲とイェルサレム総大司教がフリードリヒ二世を激しく非難し、彼と敵対した。さらに、ローマ教皇グレゴリウス九世▲がフリードリヒ二世不在のシチリア王国へ軍隊を侵入させたため、フリードリヒ二世は南イタリアへの帰還を余儀なくされた。彼は教皇軍を撃退することはできたが、その後死ぬまで聖地にもどることはなかった。

イスラーム教徒のあいだでも、激しい非難の嵐が吹き荒れた。バグダードやモスル、アレッポ、ダマスクスのモスクでは、アル・カーミルの裏切りを糾弾する集会が開かれ、甥のアル・ナーシルによる攻撃が始まった。アル・カーミルはこの戦いで甥を倒すことができたが、一二三八年にはこの世を去ってしまう。そして、その翌年の十一月、ちょうど休戦協定が失効して約三カ月後に、アル・ナーシルがイェルサレムを占領するのである。このとき、イスラーム世界は、聖都がイスラーム教徒の手にもどったと、歓喜にわきかえったという。

このように、キリスト教徒とイスラーム教徒の二人の君主が実現した聖地の和平・異教徒の平和的共存は、同時代の人びとからはほとんど評価されなかった。また、二人の取決めは一〇年間という期限つきであり、キリスト教徒統治下におかれたイェルサレムの平和共存は実際に一〇年間しか続かなかった。しかし、一〇年という短い期間ではあっても、それは、異教徒への敵対的感情が渦巻き、宗教的熱情が支配的な時代の一〇年である。そして、二人の君主が生きているあいだ、その約束は確かに守られたのである。

十字軍の歴史は、中世から現代にいたるまで、キリスト教徒にとって、そして、ヨーロッパにとっての意味を求められつづけてきた。それは、たとえ最終的には失敗に帰したとしても、ヨーロッパのキリスト教共同体にとっての「聖なる戦い」であり「正義の戦い」であった。そして、フリードリヒ二世の十字軍は、そのような「正義の戦い」の十字軍の歴史のなかで特異な例としてあつかわれてきたのである。しかし、今、私たちは、キリスト教ヨーロッパの視点ではなく、二つの文化圏の接触(交流・衝突)という視点に立ち、このフリードリヒ二世の十字軍に、他の十字軍にはない重要な意味を与えようとしている。私たちは、ラテン・カトリック文化圏とアラブ・イスラーム文化圏とを同時代に存在する二つの文化圏とみなし、その関係を認識しようとする視点に立っているのである。この視点の変化は、十字軍の歴史にたいする私たちの見方を大きく変えることになる。この変化は、私たちの生きている現代世界の政治力学の変化の反映であると同時に、これまで私たちが学んできたヨーロッパ中心主義的世界史認識から、複数の文化圏が併存する世界史認識への大きな転換の反映であるともいえるのである。

枠組みの変化

ラテン・カトリック文化圏、ギリシア・東方正教文化圏、アラブ・イスラーム文化圏が鼎立する地中海地域の構図は、十五世紀半ばにくずれた。オスマン帝国がビザンツ帝国を滅ぼしたため、ラテン・カトリック文化圏とアラブ・イスラーム文化圏が対峙するようになったのである。同じ十五世紀の末には、イスラーム教徒のイベリア半島最後の拠点グラナダが陥落し、イベリア半島すべてがキリスト教徒の支配下におかれた。地中海西部における「ヨーロッパ」と「イスラーム世界」の境界が、イベリア半島内部からジブラルタル海峡へと移動したのである。

ビザンツ帝国を滅亡させたオスマン帝国は、その後大幅に領土を拡張させ、広大な版図を支配するようになる。十六世紀前半にはウィーンを包囲し、また、スペイン・ヴェネツィアの連合艦隊を破って地中海の制海権を確保した。その拡張は十六世紀にとまったが、十七世紀末まで広大な領土を支配し、東地中海の覇者として君臨することになる。

　その間、ヨーロッパは、ルネサンス、宗教改革の時代をへて絶対主義の時代にはいっていたが、この十五〜十七世紀は、同時に、長い大航海の時代でもあった。この時期、ヨーロッパ諸国は、おたがいに戦争を繰り返しながら、軍隊と財政、そして、国としてのまとまりを強化する一方で、経済的利益と新しい領土を求めて海外へ進出していったのである。彼らは、打ち続く戦争のなかで、軍事技術・戦術を飛躍的に向上させ、その軍事力は十七世紀にオスマン帝国を上回るようになったと考えられている。この強力な軍事力を背景に、ヨーロッパ諸国は、アジア、アフリカ、アメリカ大陸を競って植民地化し、その戦争の舞台を海外に広げていった。その過程で、オスマン帝国はたびかさなる軍事的敗北を喫し、広大な領土は分割、植民地化されていく。ヨーロッパ列強諸国間の対立は、二十世紀に二度の世界大戦を引き起こし、オスマン帝国領あるいはヨーロッパ列強の植民地だった地域には、トルコ、イラン、アフガニスタン、サウジアラビア、イエメン、イラク、エジプト、レバノン、シリアなどのイスラーム諸国が建国されることになった。

④―統合 グローバル化

「文明の衝突」論

一九九三年夏号の『フォーリン・アフェアーズ』に寄稿した論文と九六年に刊行した書物『文明の衝突と世界秩序の再建』で、政治学者サミュエル・ハンチントン▲は、現代世界を「文明」で区分けしてその文明間の対立を国際政治の基調とする考え方を提示し、冷戦後の世界はイデオロギーではなく、文明の衝突が国際関係を動かすと主張した。彼は、現代世界が八つの主要文明、すなわち、西欧、中国、日本、イスラーム、ヒンドゥー、スラヴ、ラテンアメリカ、アフリカの文明からなっており、冷戦後はそれらのあいだで対立・衝突が生まれると考えた。そして、とりわけ、イスラームと中国が手を結んだ非西欧と、西欧の対立が深刻化すると主張し、一九九〇年代に激化した民族問題や地域紛争は、実際に文明の断層線《フォールト・ライン》で生じていると主張したのである。ハンチントンは、「文明」という言葉を「歴史のなかで固有の文化と価値体系をつくりあげてきた集団」という意味合いで用い、冷戦後の世界では異なる価値体系をも

▼**サミュエル・ハンチントン**（一九二七〜二〇〇八）　ハーヴァード大学政治学教授。

つ巨大な文明集団が衝突すると理解している。

ハンチントンの論文が発表されて以後、ボスニア紛争や九・一一同時多発テロ、アフガニスタン戦争、イラク戦争などが生じたのをみて、このハンチントンの見方が未来を正確に予測していたかのように伝えるメディアは多く、このハンチントンの枠組みに従って、現実の国際政治を理解しようとする識者も少なくない。しかし、ハンチントンの「文明の衝突」という見方は、世界の現状認識を過《あやま》たせる重大な問題をはらんでいる。

その一つは、議論の枠組みとしての「文明」に内在する分析概念としての問題である。歴史家は、たしかに、他地域と比較してきわだって高度な文化活動をおこなう中心的集団(国家などの政治的まとまり)が存在し、その文化的影響が広い範囲におよぶ場合に、その文化活動の総体を「文明」と呼び、文化的影響がおよぶ範囲を「文明圏」と呼んできた。しかし、そこでは、一つの「まとまり」が想定されてはいるが、それは人びとの活動を強く規制する政治的なまとまりではない。「文明」は、政治的枠組みで説明できない集団を指し示すために使われる非常にゆるやかな概念だったのである。そのため、「文明」を、

「インダス文明」や「エジプト文明」のように過去の世界を表現するための歴史概念として用いることはできても、現代世界の現実の事象を分析するための分析概念として使用することはできなかった。「文明」という言葉がもつ曖昧《あいまい》性が、「文明集団」の恣意《しい》的な選択と極端な単純化をもたらすからである。「文明の衝突」論で用いられる「文明」集団は、依然として、使用者の恣意的な選択によって規定されている。この問題が克服されないかぎり、「文明」を分析概念として用いることはできない。

さらに深刻で重要な問題は、グローバル化が進展している世界をグローバル化以前の枠組みで理解しようとしている点である。現代世界におけるグローバル化の進展は、この「文明」という枠組みが、現代世界認識にたいしてほとんど有効に機能しない状況を生み出しているからである。

ある集団から別の集団へ情報やモノが伝わるときに、ある程度の時間を要するのであれば、それらができた集団と受け入れる集団を異なる文明(圏)とみなし、複数の文明の並存を想定することができる。そして、文明の交流がおこなわれるという具合に考えることも可能だろう。しかし、グローバル化が急速に進展しつつある現在においては、情報が瞬時に地球上を動き、モノや人の移動も過去とは比較にならないくらいに時間が縮まっている。地球規模でモノや人、情報が動く非常に緊密な単一の空間が生まれようとしているのである。つまり、現在は、複数の文明が並存している状態ではなく、ただ一つの現代文明しか存在しない状態になろうとしているのである。このような状況のなかで、「イスラーム文明」や「ヨーロッパ文明」の存在を想定し、それらが衝突すると考えることはできない。

「文明の衝突」論は、複雑な歴史的背景や現実の政治状況を知らなくても理解できる単純な図式を提示するため、多くの人びとに受け入れられやすい側面をもつ。そして、たとえそれが、現実の世界とはまったく異なる、過度に単純化されたイメージにすぎないとしても、人びとをあやつる世界観として利用される可能性が極めて高いのである。

ヨーロッパのイスラーム教徒

すでに述べたように、ヨーロッパとイスラーム世界は、これまで、それぞれが固有の価値観と歴史的伝統を有する人的集団とみなされてきたが、それらが、アプリオリに過去も現在も固有の人的集団を形成していると考えることはできない。また、現在のヨーロッパ内におけるイスラーム教徒の存在の大きさを考えれば、ヨーロッパ対イスラーム世界という単純な対立の図式が成立しないことが容易に理解されるだろう。

現在ヨーロッパやアメリカ合衆国に住んでいるイスラーム教徒の大部分は、二十世紀半ば以降の移民とその子孫たちである。しかし両地域のイスラーム教徒には大きな違いがある。アメリカ合衆国の場合、イスラーム教徒はさまざまな移民の一つにすぎず、移民のなかではヒスパニック系やアジア系の占める割合のほうが大きい。しかし、ヨーロッパの場合、経済的理由による移民の筆頭はイスラーム教徒である。また、アメリカ合衆国に移住したイスラーム教徒の場合は、中産階級に属する人たちが多く、教育水準も高い。しかしヨーロッパのイスラーム教徒移民の第一世代のほとんどは労働者層に属しており、教育水準が高くない。さらに、アメリカ合衆国の場合は、イスラーム教徒移民の出身地が特定の国に集中しているわけではないが、ヨーロッパのイスラーム教徒移民の出身地は、かつての植民地など、受入れ国側と密接に関係のある特定の国に集中している。例えば、フランスやベルギーの場合は、北アフリカ、サハラ以南のアフリカからの移民が多く、イギリスには南アジア出身のイスラーム教徒が多い。そして、ドイツ、オランダ、スイスのドイツ語圏にはトルコ出身者が多いのである。

ヨーロッパへのイスラーム教徒移民の増加は一九五〇年代後半から急速に増加し、七〇年代に頂点に達した。最初のころのイスラーム教徒移民の大部分は男性であり、出稼ぎ的性格が強かったが、一九七三年前後に移民規制が強化されると、その家族が呼び寄せられ、家族で定住する者が急増する。こうして、ヨーロッパに第二世代のイスラーム教徒が多く生まれることになったのである。彼らは、フランスの場合は、成人に達したときに市民権が与えられたが、ドイツ、デンマーク、スイスの場合は、市民権をうるために複雑な手続きをとる必要があった。しかし、一九九〇年代以降は、これらの国でも、フランスと同様、出生地が国内の場合には、ほぼ自動的に市民権が与えられるようになっている。

アメリカ合衆国の場合もそうだが、ヨーロッパのイスラーム教徒人口を正確に知ることはできない。ヨーロッパ諸国の国勢調査で人種や宗教が調査されたことはなく、公式の文書に人種や宗教が記されることもないからである。しかし、それ以前の問題として、じつは、だれをイスラーム教徒とみなすべきかについて、統一された基準も公式の定義もない。ただ、いくつかの推計では、ヨーロッパのイスラーム教徒人口は、八〇〇万人から一二〇〇万人くらい、欧州連合(EU)のほぼ二・五パーセントとされている。そして、その数は年々増加していると考えられている。

ヨーロッパ各国の市民権を獲得したイスラーム教徒移民の子孫たちは、法的には他の市民と同じにあつかわれる。例えば、フランスの場合、フランスで生まれれば自動的にフランス市民権を与えられ、宗教や民族的アイデンティティが問題にされることはほとんどない。しかし、彼らは、フランス社会に容易に同化せず、イスラーム教徒固有の文化・慣習、宗教を保持する傾向にある。そのため、ヨーロッパ諸国は、法的には一様な国民を有していても、現実には複数の文化集団をかかえることになる。

ヨーロッパのイスラーム教徒を考えるときに忘れてならないのは、彼らがおかれている環境が、イスラーム諸国のイスラーム教徒とまったく異なっているという点である。キリスト教を基調とし、世俗化が進んだヨーロッパ諸国の社会環境のなかで育ったイスラーム教徒が、イスラーム諸国の社会環境のなかで育ったイスラーム教徒と異なる世界観や価値観をもつようになるのは当然であり、ヨーロッパのイスラーム教徒社会の慣習や文化が、ヨーロッパ社会の慣習や文化の影響を受けながら、変化していくのも当然だろう。また、ヨーロッパ諸国のイスラーム教徒たちが、マイノリティの不利益や悲哀を感じ、社会にたいする不満を募らせるのも、自らのアイデンティティの確立に苦しむのも容易に想像できる。

しかし、イスラーム教徒をマイノリティ集団としてかかえるヨーロッパ諸国の環境自体も急速に変化しているということを忘れてはならない。グローバル化の進展は人的流動性を高め、情報、モノ、金の動きを速めるだけでなく、それまで長期にわたって存続していた慣習や価値観を変化させ、安定的な社会の存在を難しくさせつつあるからである。

イスラーム過激派

現代世界における「ヨーロッパとイスラーム世界」を考えるにあたって、世界中でテロを引き起こしているイスラーム過激派の問題に言及しないわけにはいかないだろう。二〇〇一年のアメリカ同時多発テロ、〇五年のロンドン同時多発テロは、多くの人びとの記憶に深く刻まれているのではないかと思う。二十世紀末にイスラーム過激派が増加し活発化した背景には、一九六七年の第三次中東戦争以後顕著となった中東地域における「イスラーム主義」の広まりと、七九〜八九年のソヴィエト連邦によるアフガニスタン侵攻がある。

一九六七年六月五日にイスラエル空軍機の奇襲攻撃により幕をあけた第三次中東戦争は、わずか六日間しか続かず、エジプト・ヨルダン・シリア軍の大敗北に終わった。イスラエルからのパレスティナ解放をアラブ世界統一の第一歩と主張してアラブ民族主義を鼓吹してきたエジプトのナセル大統領▲は、この敗北によってその権威を大きく失墜させ、彼のアラブ民族主義イデオロギーも力を失った。この後、アラブ知識人の多くは、体制批判から急進的なマルクス主義イデオロギーへ傾倒したり、宗教への回帰を主張して、イスラーム信仰を中

▼**ナセル**(一九一八〜七〇)　第二代エジプト大統領(在任一九五六〜七〇)。

▼パフラヴィー朝（一九二五〜七九年）　現代イランの王朝。中央集権化と近代化を進めたが、イラン革命で崩壊した。

▼ホメイニー（一九〇二〜八九）　イラン革命を進めた中心人物で、革命後に成立したイスラーム共和国では最高指導者（ラフバル）となる。

心にすえた「イスラーム主義」へと向かっていったと考えられている。その後、「イスラーム主義」は中東地域に広く浸透し、人びとのイスラーム信仰への回帰を促すことになる。こうして、中東諸国では、イスラーム教徒としての正しい生活を求める人の数が増加し、イスラーム教徒集団としての社会活動も活発化することになった。これが「イスラーム復興」と呼ばれる現象である。

一九七九年のイラン革命もこの流れのなかに位置づけて理解することができる。パフラヴィー朝▲のもとで脱イスラーム化政策・近代化政策を推し進め、一九七〇年代以降は石油収入の増加とともに驚異的な経済的発展をとげていたイランは、同年二月十一日、ホメイニー▲を中心とした反体制派に全権を掌握され、四月一日、イスラーム的価値とイスラーム法学者の統治を基本としたイスラーム共和国となったのである。

イスラーム過激派が増加し活発化した背景として、この「イスラーム主義」の広まりに言及しないわけにはいかないが、より直接的な背景としては、一九七九年十二月から八九年二月までの約一〇年間続いたソヴィエト連邦によるアフガニスタン侵攻がある。アフガニスタンは、一九七八年、ソヴィエト連邦の影響を受けたアフガニスタン人民民主党のクーデタにより社会主義政権下におかれた。しかし、反対勢力の抵抗が激しく、すぐに内戦に突入した。反政府ゲリラ活動をおこなっていたスンナ派諸勢力は、この武力闘争をイスラーム防衛のための聖戦（ジハード）と規定し、自分たちをムジャーヒディーン▲と呼んだ。そのため、この反政府武力闘争は、一般にムジャーヒディーン運動と呼ばれている。

一九七九年にソ連軍の侵攻が始まると、彼らは武力闘争の標的をソ連軍に移し、ソ連軍との戦いを聖戦（ジハード）と位置づけた。アメリカ、イギリス、フランス、サウジアラビア、パキスタンは、ソ連軍と戦うこのムジャーヒディーンを支援し、パキスタン北部のペシャーワルやアフガニスタンのパキスタン国境沿いに広がる部族支配地帯には軍事訓練施設が設けられた。一九八四年以降、中東各地から数千人におよぶイスラーム活動家たちが対ソ戦争に加わったが、彼らの多くはこれらの施設で軍事訓練を受けていた。二〇〇一年九月十一日の同時多発テロの首謀者とされるウサーマ・ビン・ラーディン▲も、この対ソ戦に加わった活動家の一人だが、パキスタンやアフガニスタンでイスラーム教徒義

▼ムジャーヒディーン　「ジハードの遂行者」を意味するムジャーヒドの複数形。アラビア語ではムジャーヒドゥーンだが、アフガニスタンの公用語の一つであるダリー語発音では、ムジャーヒディーンとなる。

▼ウサーマ・ビン・ラーディン（オサマ・ビンラディン、一九五七〜二〇一一）　サウジアラビアの富豪の息子。イスラーム過激派ネットワーク「アルカーイダ」の最高指導者。

勇兵たちへの便宜をはかるとともに、私財を使っていくつかの軍事訓練施設をつくったといわれている。

対ソ戦争を戦ったイスラーム活動家たちの多くは、一九八九年のソ連軍撤退後、自国へもどって反政府の武装闘争をおこなったり、ボスニアやコソヴォ、チェチェン紛争に身を投じたが、ヨーロッパやその他の地域のイスラーム教徒に過激なイスラーム思想を広め、世界各地のテロを誘発した者たちもいる。また、アフガニスタンの部族支配地帯に設けられていた軍事訓練施設は、ソ連軍撤退後も閉鎖されることなく存続し、中東諸国の活動家たちの軍事訓練施設として利用されつづけてきた。世界各地でテロ活動をおこなっている過激派グループのメンバーの多くが、ここで軍事訓練を受けていたことが確認されている。

近年、世界各地でテロを引き起こしたイスラーム過激派には、欧米諸国生まれのイスラーム教徒が少なからず含まれている。例えば、一九九五年のフランス地下鉄テロを実行したのはリヨン郊外の出身者たちであり、フランスで生まれたハリド・ケルカルによって指導されていた。また、一九九八年のサッカー・ワールドカップ・フランス大会に爆弾をしかけようとしたのは、フランクフルトのイスラーム過激派ネットワークで、第二世代のフランス人イスラーム教徒を含んでいた。一九九九年にヨルダンのホテルを爆破しようとして逮捕されたラエド・ヒジャーズィーは、アメリカで生まれ、カリフォルニア州立大学で学位を取得している。二〇〇一年のアメリカ同時多発テロはハンブルクを拠点とする四人の学生たちによって計画され、実行犯のザカリアス・ムサウィはフランス国籍を有していた。二〇〇五年のロンドン同時多発テロの実行犯のうち三人がパキスタン系イギリス人、一人はジャマイカ系イギリス人だった。

アメリカのテロ研究者ジェシカ・スターンは、一九九八年から四年の歳月をかけて宗教テロリストたちとのインタビューをおこない、その著書『神の名におけるテロ』で、テロリストになる動機と、テロ活動を支える一つのメカニズムを明らかにしている。彼女によれば、人びとがテロリスト・グループに参加する理由の一つは、自分自身を変え、複雑な人生を単純なものにするためだという。彼らは、グループに参加する前、自分が屈辱的な状態にあると感じ、周りから二等市民とみられることに怒りを覚えていた。だが、グループ参加後は、大義のための殉教者として、自らの新しいアイデンティティを獲得することになる。彼らは、世界が善と悪の二つにはっきり分かれた世界観を身に着けることにより、不確かさと迷いの苦しみから解放される。悩める者は行動に集中する術を学び、自らの死が社会の善に役立つと信じて喜んで命を犠牲にするようになる。彼らは自分たちの大義が正しく、神は自分たちの側にいると信ずるがゆえに、いかに残忍であろうと、自分たちのすべての活動は正当化されると考える。

しかし、屈辱感と喪失感が、テロリストをつくりあげるのに十分というわけではない。現実には、知的水準が高く世界の状況を冷静に見極める指導者たちが、大義のために喜んで命を捨てる純粋な若者たちを利用するメカニズムができているのだという。指導者たちは、不満をもつ若者たちの心理を理解し、彼らの考えていること、失ったと感じているものを察知し、彼らにたいして、ヒロイックな感情、精神的安定、家族への経済的援助など、感情的・精神的・経済的報酬を提供する。つまり、熱狂的な若者たちを魅惑的な使命や報酬で誘惑・操作し、最終的には、彼らを武器として利用しているというのである。

グローバル化の進展は、世界の経済的統合を進める一方で、イスラーム過激派の世界的なネットワークを強化することにもなった。よく知られているように、アルカーイダ▲のウサーマ・ビン・ラーディンやアイマン・アル・ザワーヒリー▲は、アフガニスタンを拠点に世界に散らばる過激派のゆるやかなネットワークを築き、各地のテロ活動を支援している。

グローバル化する世界

グローバル化の本質は、人間の活動範囲の地球的規模への劇的な拡大である。一人の人間からみれば、無限の広がりをもっていた世界が自らの活動域へと劇的に縮小することを意味する。かつては、多様な人間集団が地球上のさまざまな地域で固有の言語や慣習、価値観を維持しながら生きていたが、異なる言語や慣習、価値観を有する別の集団とのあいだには移動を制約する物理的距離や国境があり、それが異なる集団に属する人びとのあいだの衝突をやわらげる緩衝材となっていた。しかし、現代世界の急速なグローバル化は、そのような緩衝材を一気に取り払い、突然、異なる言語や慣習、価値観をもつ人びととの同居をしいることになる。生活習慣の違いや価値観の違いが許容できぬほどに大

▼アルカーイダ　ウサーマ・ビン・ラーディンを指導者とするイスラーム過激派のネットワーク。「アル」は定冠詞、「カーイダ」は「基地」を意味するアラビア語。

▼アイマン・アル・ザワーヒリー（一九五一〜　）　アルカーイダの幹部。ウサーマ・ビン・ラーディンにつぐナンバー2の地位にあるとされている。

きい場合もあれば、歴史的に形成されてきた特定の文化・言語・宗教に有利な社会システムが顕在化することもある。異文化に属する人びとのあいだの衝突の可能性はつねに存在しているのである。

すでに述べたように「文明の衝突」論は現代世界の認識を大きく過《あやま》たせる思考法だが、私たちが異文化衝突や摩擦をはらむ世界に生きていることはまちがいない。グローバル化の進展と国家の規制力の弱まりは、犯罪や狂信主義者たちのテロ活動を世界規模に拡大し、私たちの生きる世界の安全性を大きくそこなっている。しかし、宗教的対立が支配的だった十字軍時代においてすら、キリスト教徒対イスラーム教徒という理念的・イデオロギー的対立が存在する一方で、宗教の違いとは関係なく、利害にもとづく君主間の政治的対立が存在していた。人間の活動範囲が地球的規模に拡大し、人びとの流動性が過去とは比較にならないほどました現在、「文明の衝突」論にみられるような単純な対立の構図は成立しない。近い将来、宗教的対立、イデオロギー的対立が消えるとは考えられないが、集団間の対立は、イスラーム教徒集団どうしを含め、さまざまな理由から引きおこされている。

異なる文化的背景をもつ人びとが頻繁に接触するようになった現在、近代国民国家や特定の集団を中心とした従来の歴史像は急速に意味を失いつつある。今必要とされているのは、近代国民国家が形成される歴史でも、「ヨーロッパ」や「イスラーム世界」が拡大していく歴史でも、ヨーロッパを先頭に人類が進歩していくという単線的な歴史像でもない。私たちが必要としているのは、地球上に存在していた多様な人間集団がどのような社会を築き、どのようにそれを変化させてきたのか、それらの人間集団のあいだの関係がどのように変化して現在にいたっているのか、を説明できる複線的な歴史像である。それは、地球上で活動してきた人類を一体とみなし、その構造や内部関係の変化を重視する人類の全体史だということもできる。本書でおこなってきた「ヨーロッパ」と「イスラーム世界」という枠組みの検討も、中世の異文化圏の比較、交流・衝突の検討も、そして、現代ヨーロッパのイスラーム教徒、イスラーム過激派の検討も、そのような地球上のさまざまな人間集団の歴史を包摂する世界史像構築のための第一歩なのだと思っている。

参考文献

池内恵『現代アラブの社会思想――終末論とイスラーム主義』（講談社現代新書）講談社　二〇〇二年

『イスラムと十字軍』日本放送出版協会　二〇〇四年

伊藤貞夫・樺山紘一編『地中海世界の歴史像』放送大学教育振興会　二〇〇二年

『岩波イスラーム辞典』岩波書店　二〇〇二年

K・B・ウルフ（林邦夫訳）『コルドバの殉教者たち――イスラム・スペインのキリスト教徒』刀水書房　一九八八年

J・エスポジト編（坂井定雄監訳）『イスラームの歴史』全三巻　共同通信社　二〇〇五年

樺山紘一編『改訂版ヨーロッパの歴史』放送大学教育振興会　二〇〇一年

小杉泰『ムハンマド――イスラームの源流をたずねて』山川出版社　二〇〇二年

R・W・サザーン（鈴木利章訳）『ヨーロッパとイスラム世界』（岩波現代選書）岩波書店　一九八〇年

佐藤次高『イスラームの国家と王権』岩波書店　二〇〇四年

『新イスラム事典』平凡社　二〇〇二年

高山博『中世地中海世界とシチリア王国』東京大学出版会　一九九三年

高山博『神秘の中世王国――ヨーロッパ、ビザンツ、イスラム文化の十字路』東京大学出版会　一九九五年

高山博『中世シチリア王国』（講談社現代新書）講談社　一九九九年

高山博『歴史学 未来へのまなざし――中世シチリアからグローバル・ヒストリーへ』山川出版社　二〇〇二年

高山博『文明共存の道を求めて——地中海世界から現代をみる』日本放送出版協会　二〇〇三年
Ch・E・デュフルク（芝修身・芝紘子訳）『イスラーム治下のヨーロッパ——衝突と共存の歴史』藤原書店　一九九七年
内藤正典『ヨーロッパとイスラーム——共生は可能か』（岩波新書）岩波書店　二〇〇四年
羽田正『イスラーム世界の創造』東京大学出版会　二〇〇五年
S・ハンチントン（鈴木主税訳）『文明の衝突』集英社　一九九八年
マルク・ブロック（堀米庸三監訳）『封建社会』岩波書店　一九九五年
宮田律「現代イスラム過激派とテロリズム」『外国の立法』二二八　二〇〇六年五月
山内昌之編『「イスラム原理主義」とは何か』岩波書店　一九九六年
D・W・ローマックス（林邦夫訳）『レコンキスタ——中世スペインの国土回復運動』刀水書房　一九九六年
W・M・ワット（黒田壽郎・柏木英彦訳）『イスラーム・スペイン史』岩波書店　一九七六年
Abou-Zahab, Mariam, & Olivier Roy, *Réseaux islamiques*, Paris 2002.
Hadad, Y. Y. (ed.), *Muslims in the West*, Oxford 2002.
Hay, Denys, *Europe. The Emergernce of an Idea*, Edinburgh 1957.
Rath, Jan, et alii, *Western Europe and its Islam*, Leiden 2001.
Roy, Olivier, *Globalized Islam*, New York 2004.
Stern, Jessica, *Terror in the Name of God*, New York 2003.
The Encyclopaedia of Islam, new ed., 12 vols., Leiden 1960-2004.

図版出典一覧

S. Bottari, *Mosaici bizantini della Sicilia,* Milano, Principato Editore, 1963 *52, 54*
C. Brooke, *The Twelfth Century Renaissance,* London, Thames and Hudson, 1969 *57*
Chronique de l'humanité, Paris, Larousse, 1986 *8*
F. Delouche (ed.), *Histoire de l'Europe,* Paris, Hachette, 1992 *39*
Petrus de Ebulo, *Liber ad Honorem Augusti sive de rebus Siculis,* Sigmaringen, Jan Thorbecke Verlag, 1994 扉
Deno J. Geanakoplos, *Medieval Western Civilization and the Byzantine and Islamic Worlds,* Toronto, D. C. Heath and Company, 1979 *21*
Denys Hay, *Europe. The Emergence of an Idea,* Edinburgh, Edinburgh University Press, 1957 *5, 6*
H.G. Koenigsberger, *Medieval Europe 400-1500,* New York, Longman, 1987 *11*
Le Musée de Normandie de Caen, *Italie des Normands, Normandie des Plantagenêts,* Pratola Serra, Sellino Edizioni Mezzogiorno, 1995 *53*
H. R. Loyn (ed.), *The Middle Ages: A Concise Encyclopaedia,* London,Thames and Hudson, 1991 *12,14,15,46*
G. Masson, *Federico II di Svevia,* Milano, Rusconi Libri, 1978 *64*
G. B. Siragusa (ed.), *Liber ad Honorem Augusti di Pietro da Eboli,* Roma, Istituto Storico Italiano, 1905 *50, 55*
G. Tate, *L'orient des Croisades,* Paris, Gallimard, 1991 *59, 61, 62, 63, 66*
著者提供 *51,* カバー表
ユニフォト・プレス提供 カバー裏

世界史リブレット㊿

ヨーロッパとイスラーム世界《せかい》

2007年9月30日　1版1刷発行
2019年12月20日　1版6刷発行

著者：高山博《たかやまひろし》

発行者：野澤伸平

装幀者：菊地信義

発行所：株式会社 山川出版社

〒101-0047　東京都千代田区内神田1-13-13
電話　03-3293-8131(営業)　8134(編集)
https://www.yamakawa.co.jp/
振替 00120-9-43993

印刷所：明和印刷株式会社

製本所：株式会社 ブロケード

ISBN978-4-634-34580-5

世界史リブレット　第Ⅰ期［全56巻］

〈すべて既刊〉

1 都市国家の誕生
2 ポリス社会に生きる
3 古代ローマの市民社会
4 マニ教とゾロアスター教
5 ヒンドゥー教とインド社会
6 秦漢帝国へのアプローチ
7 東アジア文化圏の形成
8 中国の都市空間を読む
9 科挙と官僚制
10 西域文書からみた中国史
11 内陸アジア史の展開
12 歴史世界としての東南アジア
13 東アジアの「近世」
14 アフリカ史の意味
15 イスラームのとらえ方
16 イスラームの都市世界
17 イスラームの生活と技術
18 浴場から見たイスラーム文化
19 オスマン帝国の時代
20 中世の異端者たち
21 修道院にみるヨーロッパの心
22 東欧世界の成立
23 中世ヨーロッパの都市世界
24 中世ヨーロッパの農村世界
25 海の道と東西の出会い
26 ラテンアメリカの歴史
27 宗教改革とその時代
28 ルネサンス文化と科学
29 主権国家体制の成立
30 ハプスブルク帝国
31 宮廷文化と民衆文化
32 大陸国家アメリカの展開
33 フランス革命の社会史
34 ジェントルマンと科学
35 国民国家とナショナリズム
36 植物と市民の文化
37 イスラーム世界の危機と改革
38 イギリス支配とインド社会
39 東南アジアの中国人社会
40 帝国主義と世界の一体化
41 変容する近代東アジアの国際秩序
42 アジアのナショナリズム
43 朝鮮の近代
44 日本のアジア侵略
45 バルカンの民族主義
46 世紀末とベル・エポックの文化
47 二つの世界大戦
48 大衆消費社会の登場
49 ナチズムの時代
50 歴史としての核時代
51 現代中国政治を読む
52 中東和平への道
53 世界史のなかのマイノリティ
54 国際体制の展開
55 国際経済体制の再建から多極化へ
56 南北・南南問題

世界史リブレット　第Ⅱ期［全36巻］

〈すべて既刊〉

57 歴史意識の芽生えと歴史記述の始まり
58 ヨーロッパとイスラーム世界
59 スペインのユダヤ人
60 サハラが結ぶ南北交流
61 中国史のなかの諸民族
62 オアシス国家とキャラヴァン交易
63 中国の海商と海賊
64 ヨーロッパからみた太平洋
65 太平天国にみる異文化受容
66 日本人のアジア認識
67 朝鮮からみた華夷思想
68 東アジアの儒教と礼
69 現代イスラーム思想の源流
70 中央アジアのイスラーム
71 インドのヒンドゥーとムスリム
72 東南アジアの建国神話
73 地中海世界の都市と住居
74 啓蒙都市ウィーン
75 ドイツの労働者住宅
76 イスラームの美術工芸
77 バロック美術の成立
78 ファシズムと文化
79 オスマン帝国の近代と海軍
80 ヨーロッパの傭兵
81 近代技術と社会
82 近代医学の光と影
83 東ユーラシアの生態環境史
84 東南アジアの農村社会
85 イスラーム農書の世界
86 インド社会とカースト
87 中国史のなかの家族
88 啓蒙の世紀と文明観
89 女と男と子どもの近代
90 タバコが語る世界史
91 アメリカ史のなかの人種
92 歴史のなかのソ連